跳脫負面循環，養成正向思考的習慣與勇氣！

解決人生 90% 煩惱的
阿德勒心理學

監修｜小倉廣　　翻譯｜鄒玟羚、高詹燦

如何過上
幸福的人生？

生於19世紀後期的阿德勒，是一名活躍於20世紀的心理學家。阿德勒雖與佛洛伊德、榮格並稱「深層心理學三巨頭」，但是和他們比起來，阿德勒的知名度或許還是低了一點。然而近年來，阿德勒心理學開始受人矚目，學習阿德勒心理學的人也不斷增加。

有別於佛洛伊德和榮格所提倡的「治療患者的心理學」，阿德勒心理學是「協助健康人士自我成長的教育性心理學」。另外，佛洛伊德與榮格追求的是個體的深層心理，阿德勒則認為人際關係才是重點，希望藉由改變溝通方式來緩解症狀、解決問題。也可以說，這是一種「創造出更多優點，而不是試圖排除所有缺點」的健康心理學。

那麼，實際上該怎麼做才好呢？這應該是抱有種種問題、煩惱的人最在意的地方吧。

在圖文並茂的本書中，將會利用現代上班族、家庭主婦或學生所遭遇的實例，來說明阿德勒的理念。在編排上，由於套用了具體情境加以說明，因此讓人一目瞭然。在不良範例和優良範例的呈現方式上，亦經過精心安排。

　　「被困在負面想法之中，不知道該怎麼做才能繼續向前邁進……」、「自我肯定感低落，總是缺乏自信……」、「不擅長社交，無法順利建立良好人際關係……」如果您也是這樣的人，請務必讀一讀本書，認識一下阿德勒心理學。但願本書對解決問題有所幫助，或是成為您改變自我的契機。

小倉 廣

阿德勒是這樣的人！

與佛洛伊德、榮格並稱「深層心理學三巨頭」的阿德勒，
究竟是什麼樣的人物呢？

阿爾弗雷德·阿德勒

阿德勒，1870年生於奧地利，是20世紀最具代表性的心理學家之一，建立了「個體心理學」。阿德勒認為「人的煩惱存在於人際關係之中」，並把焦點放在協助人們建立良好人際關係的心理治療上。他指出，最重要的是面對並思索現在與未來，而非執著於過去與原因。

佛洛伊德、榮格與阿德勒生活在同一時代，並稱「深層心理學三巨頭」。精神分析學派的創始人佛洛伊德，以及曾向佛洛伊德學習的榮格，都有各自提倡的理論，而阿德勒的許多想法也與他們不同。雖然阿德勒在起初也支持佛洛伊德的觀點，但最終，兩人還是朝著不同的方向發展。

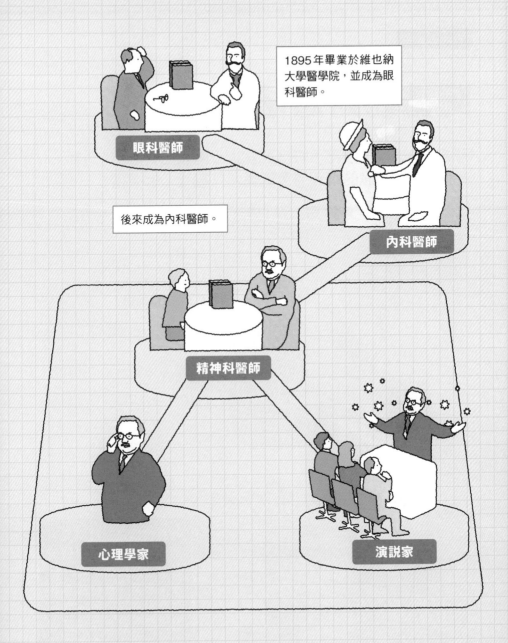

1895 年畢業於維也納大學醫學院，並成為眼科醫師。

眼科醫師

後來成為內科醫師。

內科醫師

精神科醫師

心理學家

演說家

阿德勒曾經是眼科醫師、內科醫師，之後才踏上精神科醫師的道路。阿德勒在心理學界的聲望逐漸提升後，也舉辦過多場演講。他雖然成名了，卻還是持續與大眾交流、對話，不斷探討人類該怎麼生活。

阿德勒的想法是？

阿德勒心理學也獲得了許多商務人士的關注。
人們學習其理念的真正目的究竟是什麼？

最終目標是
建立起社會情懷！

社會情懷是一種感受，即：一個人認為自己是社會（共同體）的一分子，思索「自己能為此付出什麼？」並採取行動。建立社會情懷將有助於應付人生中的各種課題。為此，阿德勒講述了許多方法，以助人們建立起社會情懷。

不斷尋找原因
和過度自責
都是沒有意義的。

你只需努力
朝著目標前進。

建立平等的關係，
往往就能
建立起良好的
人際關係。

學習阿德勒心理學的好處是？

對於擺脫不了負面想法、非建設性思緒的人來說，
學習阿德勒心理學會非常有幫助。

① 變成正面思考
使那些無益、只會不斷責備自己的負面想法消失，變成積極、樂觀的想法。

② 變成有建設的思考
擺脫「不斷執著於過去和原因」的狀態，繼續向前邁進，開始思考如何達成目標。

③ 人際關係變得更好
不再過度在意他人眼光，同時還能培養「體諒他人」的思維。

阿德勒心理學
讓人生變得更精彩！

跳脫負面循環，養成
正向思考的習慣與勇氣！

解決人生90%煩惱的 阿德勒 心理學

Contents

前言 ················· 2

Prologue ①
阿德勒是這樣的人！ ········· 4

Prologue ②
阿德勒的想法是？ ········· 6

Prologue ③
學習阿德勒心理學的
好處是？ ········· 8

Chapter 1

認識阿德勒心理學 的基本理念

01 學習阿德勒心理學的
目的是什麼？
社會情懷 ········· 18

02 培養社會情懷的方法
—— 「賦予勇氣」
賦予勇氣 ········· 20

03 何謂阿德勒心理學的
「5大前提」？
5大前提 ········· 22

04 5大前提 ①
何謂「自我決定論」？
自我決定論 ········· 24

05 5大前提 ②
何謂「目的論」？
目的論 ········· 26

06 5大前提 ③
何謂「整體論」？
整體論 ········· 28

07 5大前提 ④
何謂「人際關係論」？
人際關係論 ········· 30

08 5大前提 ⑤
何謂「認知論」？
認知論 ········· 32

09 佛洛伊德心理學
有何不同？
佛洛伊德心理學 ········· 34

column 01
阿德勒的生平①
來自富裕家庭，
從小無憂無慮的
心理學家 ········· 36

Chapter 1
KEYWORDS ········· 37

Chapter 2
「心」中產生
負連鎖的原因

01 維持心理健康的
必備條件
精神上的健康 ………… 40

02 任何行動都有其目的，
而目的會使人產生情緒
情緒的形成 ………… 42

03 情緒的功能和目的
是什麼？
認識情緒 ………… 44

04 「樂天」和「樂觀」
有什麼差別嗎？
樂天主義和樂觀主義 … 46

05 劣等性、自卑感、
自卑情結之間的差別
自卑情結 ………… 48

06 何謂基本錯誤
（basic mistakes）？
基本錯誤 ………… 50

07 人為何無法
客觀看待事物？
認知 ………… 52

08 了解憤怒如何產生，
才能遠離憤怒
怒氣的根源 ………… 54

09 過度追究原因將使人
陷入負面的連鎖效應中
原因論 ………… 56

10 「煩惱」會不知不覺
助長自我正當化？
自我正當化 ………… 58

column 02
阿德勒的生平②
與畢生摯愛
一起挺過
婚姻危機 ………… 60

Chapter 2
KEYWORDS ………… 61

Chapter 3
如何建立
「正面、
積極的自我」

01 培養建設性思考，
擺脫扭曲思維
有建設性的人 ………… 64

02 如何避免被自己的「武斷」
控制了想法？
私人邏輯 ………… 66

03 如何產生「共通感」？
共通感 ………… 68

04 追求完美不如
追求進步
追求進步 …………………… 70

05 將人人都有的自卑感
變成幫助成長的彈簧吧
追求優越性 ………………… 72

06 挫折和失敗是成功之母。
如何不懼怕挑戰？
失敗為成功之母 …………… 74

07 理想終究只是理想，
應清楚劃分現實與理想
理想與現實 ………………… 76

08 培養「被討厭也不要緊」
的思維
妄下結論 …………………… 78

09 其實只是自以為
和對方「處不來」？
先入為主 …………………… 80

10 想接近「理想的自己」
就要從「自我描繪的形象」
開始改變
自我對話 …………………… 82

11 任何人都能在任何時候
開始改變自己的風格
生活型態 …………………… 84

column 03
阿德勒的生平③
當眼科醫師時的
經驗促使他立志
成為心理學家 ……………… 86

Chapter 3
KEYWORDS ………………… 87

Chapter 4
改善「人際關係」
的方法

01 有助於建立良好人際關係
的「橫向視角」是什麼？
橫向視角 …………………… 90

02 即使處於上下關係之中，
也不能缺少「互相尊敬」
尊敬對方 …………………… 92

03 「信賴」與「信用」的
差別是什麼？
信賴／信用 ………………… 94

04 「同理心」和「同情心」
的差別是什麼？
同理／同情 ………………… 96

05 善於聆聽即善於交流
說話／聆聽時間的比例 …… 98

06 劃分「自己的課題」
與「他人的課題」
劃分課題 ………………… 100

07 劃分完彼此的課題後，
再來製作共同課題
共同課題 ………………… 102

08 避免「自以為是」，
才能常保寬容心態
判斷是非善惡 ················· 104

09 如何善加表達自己的看法
自我主張 ················· 106

10 正確的負責方式
如何負起責任 ················· 108

column 04
阿德勒的生平④
為了工作
壓縮睡眠時間、
奔走於世界各地 ················· 110

Chapter 4
KEYWORDS ················· 111

Chapter 5
讓人在「工作」上
採取有效率行動的
方法

01 建立良好人際關係的祕訣
在於保持適當的距離
適當的距離 ················· 114

02 沒用的不是「人」，
而是不具建設性的
「行為」
人格與行為 ················· 116

03 不必去批判、懲罰對方。
改變自己才具建設性
嘗試改變自己 ················· 118

04 不是靠情緒，而是靠理性
與對談來驅動他人
表面上的因果關係 ··········· 120

05 要有承認不完美的勇氣，
不要害怕失敗、指責失敗
重新框架 ················· 122

06 注意對方想說的事，
而不是自己想知道的事
對方關心的事 ················· 124

07 人當然不會懂
別人的心情！
知道自己不可能明白 ······· 126

08 試著添加一兩句
「緩衝語句」吧
緩衝語句 ················· 128

09 朝著對方的感覺器官
發送訊息
感覺器官 ················· 130

10 避免用「you-message」，
改用「I／we-message」
I-message ················· 132

11 學習正確、不會傷到對方的
拒絕方式
「Thank you／But／
No, thank you.」··········· 134

column 05

阿德勒的生平⑤
雖有研究夥伴，
卻因為意見相左
而決裂 ·············· 136

Chapter 5
KEYWORDS ··················· 137

Chapter 6
如何建立健全的
「家庭環境」

01 生活型態（性格）
是由3個要素所構成
自我概念、世界觀、
自我理想 ·············· 140

02 「家庭」深深影響著
生活型態的形成
3大影響 ·············· 142

03 手足之間的關係
比親子關係更具影響力
家庭系統排列 ················· 144

04 孩子會依照父母
對待自己的方式
來決定要扮演的角色
對待孩子的方式 ·············· 146

05 教育的4大重要法則
是什麼？
4個法則 ·············· 148

06 出生順序不同，
性格也大不相同
兄弟姊妹的人際關係
·················· 150

07 出生順序不同，
行為模式也大不相同
依家中排行產生
行為模式 ············· 152

08 家庭環境對於
性格形成的影響
各式各樣的家庭環境 ······· 154

09 為了建立心靈富足的家
庭，你可以做什麼？
努力的態度 ·············· 156

10 為了建立心靈富足的家
庭，你不該做什麼？
不理想的家庭環境 ········· 158

column 06

阿德勒的生平⑥
不只影響了世人，
還深深影響了
自己的女兒們 ·············· 160

Chapter 6
KEYWORDS ··················· 161

Chapter 7
使「人生」更加
富足的方法

01 人生中的3個
指標性任務是什麼？
3大任務 ················ 164

02 3大任務 ①
「工作」的任務
工作任務 ················ 166

03 3大任務 ②
「交友」的任務
交友任務 ················ 168

04 3大任務 ③
「愛」的任務
愛的任務 ················ 170

05 「社會情懷」是達成
3大任務的必備要素
朝著達成任務邁進 ········· 172

06 賦予彼此勇氣的
重要性
讓人生更精采 ············· 174

07 建立夫妻間的勇氣時，
可在語氣和用詞上
尋找線索
合作的態度 ·············· 176

08 即便對方外遇，也不該
讓自己陷入情緒化狀態
有建設性的對話 ··········· 178

09 「幸運」和
「幸福」的差別
幸運與幸福 ·············· 180

10 「歸屬於某處」
是人類最需要的感受
歸屬感 ·················· 182

column 07
阿德勒的生平⑦
一門隨著時代、
社會現況
不斷進化的學問 ··········· 184

Chapter 7
KEYWORDS ·············· 185

詞彙索引 ················ 186

結語 ···················· 188

主要參考文獻 ············· 190

An Illustrated
Guide to
the Psychology
of Alfred Adler

認識阿德勒心理學
的基本理念

相信不少人都曾聽過「阿德勒心理學」吧。阿爾弗雷德‧阿德勒是「深層心理學三巨頭」之一。這套心理學系統正是來自他的理論和想法。在本章中，將會為各位讀者介紹阿德勒心理學的基本理念。

01 學習阿德勒心理學的目的是什麼？

阿德勒心理學能教導人們如何獲取幸福生活。

學習阿德勒心理學的最終目標之一，就是建立「**社會情懷**」。**人在與家人、朋友或職場同事的交流中，所獲得的歸屬感、同感、信任感或貢獻感，統稱為社會情懷**。阿德勒心理學指出，當這種情懷獲得滿足時，就會使人感到幸福，而這也是阿德勒心理學的目標與理想。因此，「實踐阿德勒心理學」大致上就是「建立社會情懷」的意思。

最終目的是建立「社會情懷」

18

社會情懷可具體解釋為「**我是社會共同體的一分子，社會為我運作，而我也能夠為社會出一份力**」。社會情懷有助於我們打破自我中心，對他人抱持更多的關心。此外，社會情懷的強弱也是心理健康上的氣壓錶，對阿德勒心理學而言，可說是一項重要的心理健康指標。

顯示心理健康的氣壓錶

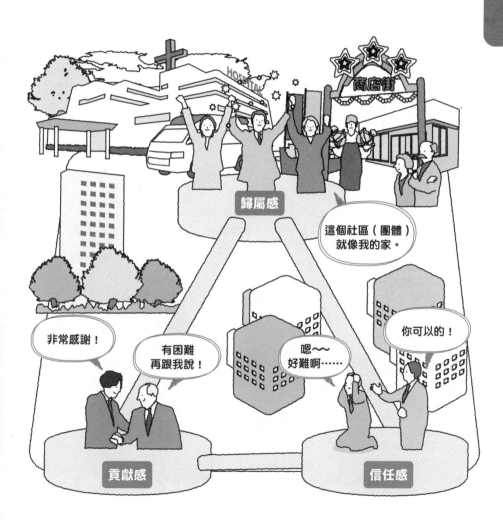

02 培養社會情懷的方法
——「賦予勇氣」

「賦予勇氣」是克服困難的原動力。
藉由賦予自己或他人勇氣，來培養社會情懷。

「**賦予勇氣**」是培養社會情懷的手段之一。這裡所說的「勇氣」是指「克服人際關係難題的能力」。人人都有自己的目標，也都在努力實現目標。因此，**賦予勇氣不是指給予讚美或鼓勵，而是指協助對方「靠自己的力量」和「同伴之間的互助」找到「克服困難的活力」。**

「賦予勇氣」不是讚美，也不是鼓勵

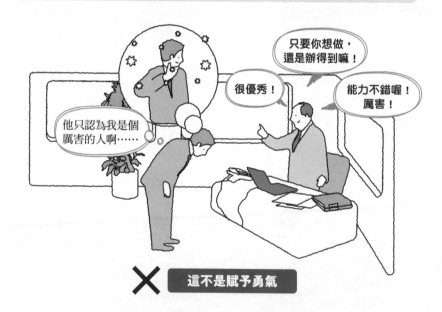

只要你想做，還是辦得到嘛！

很優秀！

能力不錯喔！厲害！

他只認為我是個厲害的人啊……

✕ 這不是賦予勇氣

這些話看似會讓部下很開心，但這種讚美方式不能稱為「賦予勇氣」。

「賦予勇氣」並不是要你替對方解決他的任務，或過度干涉對方。相反地，這也不是要你無視對方遇到的困難，任對方自生自滅。賦予勇氣是要你全心全意地相信對方的潛在能力和活力，並幫助或促使對方自行發揮這些能力。

讓人們相信自己的力量，與同伴們一起生活、互相扶持

可以幫我個忙嗎？

怎麼了嗎？

喔！謝啦！

完成了！

真想繼續和這個人共事～

您客氣了。

有你的幫忙真是太好了，謝謝。

賦予勇氣

坦白將自己的想法告訴對方，不要企圖指使對方。這樣表達想法，才能夠讓人相信自己的力量，與同伴合作、互助，培養生命中所需要的「勇氣」。

03
何謂阿德勒心理學的「5大前提」?

阿德勒心理學是在5個前提的基礎上進行的。
而這些前提也是阿德勒理論本身。

這「**5大前提**」是阿德勒心理學在建立社會情懷、實踐賦予勇氣過程中的基本思想。分別是①自我決定論:命運是由自己的意識所決定的。②目的論:行動和情緒的背後都有其目的,而不是其原因。③整體論:意識和潛意識是一體的,無法被分離。④人際關係論:對象的存在對情緒和行動來說是必不可少的。⑤認知論:人只能從主觀來觀察事物。

阿德勒心理學的基本理念:「5大前提」

未來掌握在我的手中。

1.自我決定論
命運由自己決定

2.目的論
先有目的,才有行動

「5大前提」是理解、運用阿德勒心理學時的依據與共識。好比「理解阿德勒心理學不使用原因論，而是使用目的論，並加以活用」就是一個例子。這些前提是阿德勒心理學的理論與智慧。只要理解並活用它們，就能挺身面對生活中的困難與煩惱，如此一來，想必**就能更加享受人生吧**。

改變對人事物的想法與看法

抱歉，我遲到了！

這小子老是遲到，真是無能。

他平時肯定也很愛遲到，造成朋友的困擾。

5. 認知論

人只能由主觀來判斷事物

面對部下時　　面對尊敬的前輩時

隨時歡迎找我商量!!

戰戰兢兢～

想被依靠　　膽怯、畏縮

4. 人際關係論

行為舉止因對象而異

不想罵人，卻還是罵了……

✕

想罵人　○

3. 整體論

理性和情緒不會互相矛盾

04

5大前提 ①
何謂「自我決定論」？

人無法選擇與生俱來的東西和成長環境，
但決定命運的並不是環境，而是自己。

「**自我決定論**」的概念是：**自己的人生是由自己決定的**。有些人認為，自己之所以不走運，都是因為自己處在不好的環境之中。但是，阿德勒心理學不採納這套說法。只有自己能夠決定如何看待自己身處的環境、如何面對這個環境，換言之，所有的結果都是出自於自己。

自己不走運並不是環境的問題

A00360
A00992
A10120
A10240
A12178

A15111
A16895
A16900
A18111
A19167
A21115

A22313
A23695
A24348
A28915
A29303
A30008

**○×大學
錄取名單**

我果然
跟父母一樣，
頭腦不好……

真不該老是
忙著搞社團活動。

人們很容易將自己遭遇失敗和不幸的原因歸咎於環境。

雖說如此，還是有人背負著天生的弱勢。人無法選擇自己與生俱來的東西和成長環境，好比體弱多病、年幼時受到虐待等。而且，個人的性格必定會受到這些因素影響。不過，這些終究**只是個影響因素，而不是行動或結果的決定因素**。

人不是「命運的犧牲者」，而是「命運的主人翁」

05

5大前提②
何謂「目的論」？

只顧著探究原因是無法解決問題的。
人是一種為了將來的目標而行動的生物。

「**目的論**」的概念是：**人是為了將來的目標而前進，而不是被過去的原因所驅動**。人的任何行動和情緒背後，必定都有一個目標，無論本人是否有自覺都一樣。阿德勒認為，只要我們自己理解那個目標，並且去找尋達成目標的方法，就能有建設性的克服困難。這個理論與佛洛伊德的「原因論」恰好相反。

不要只顧著思考原因

好痛……！

在學校被欺負時

原因論

目的論

佛洛伊德的原因論指出，人的任何行動背後必有其原因，例如：父母之所以虐待子女，是因為自己以前遭受過虐待；一個人之所以閉門不出，是因為在外面被霸凌了。原因論雖能解釋眼前的現象，卻無法解決問題。相反地，**阿德勒主張，有建設性的解決問題方式，就是用目的論來思考事情，並選擇自己的行動**。

面對未來，解決問題

我會扭扭捏捏，然後被欺負，都是因為遺傳了爸媽的內向個性……

執著於原因

無法想出解決方案，變成沒建設性的思考。

打架技巧教學書

霸凌問題諮詢專線
00-0000-0000

能夠以具有建設性的思考方式，來思索如何解決問題。

我的目標是當自己又在扭扭捏捏時，能夠有人告訴我以後就由我主動提問吧。

關注目標

06

5大前提 ③
何謂「整體論」？

不要把「意識和潛意識」等人類的構成要素分開來看。
相反的情緒並不是矛盾，一切都具有關聯性。

「**整體論**」的概念是，**人的心並不會產生矛盾，無論是理性和感性或心靈和身體，都是互有關連、一體的東西**。比方說，人有「想戒卻戒不掉的東西」，純粹是因為自己不想戒掉而已，而不是因為心中產生矛盾。人就像車子，有油門和剎車，可以一面使用這兩種相反的東西，一面前進，但是目的地只會有一個。即使人類看似是矛盾的生物，還是會朝著某一個目標前進。

意識和潛意識是一體的

感性與理性看似是各自獨立且對立的情感，但其實，兩者為一體並且都是朝著一個目標前進。

在整體論之中，理性和感性、心靈和身體、意識和潛意識都不是互相矛盾、對立的東西。整體論指出，**那些都是無法分割、相輔相成的東西**。換句話說，像是「理智上明白，但是無法抑制自己的感情」之類的藉口，就等於是選擇了「嘴上說想要努力，實際上卻不行動」的方向而已。

無法分割理性與感性

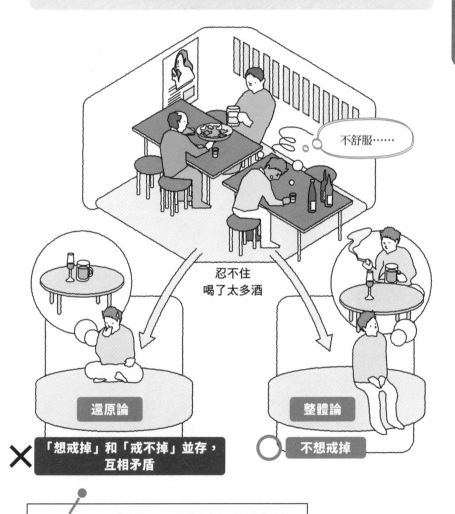

不舒服……

忍不住
喝了太多酒

還原論

整體論

「想戒掉」和「戒不掉」並存，
互相矛盾

不想戒掉

One point   「還原論」…將構成人類或其他物體的
要素分開來思考。

07

5大前提④
何謂「人際關係論」？

此理論指出，人要先有對象，才會採取行動。
行動源自人際關係，並相互影響。

「**人際關係論**」的概念是，**人的任何行動都具有「對象」**。人會被別人的行動影響，然後產生感受、做出行動。當對象不存在時，人就不會行動。當然，自己也會成為他人的對象，並互相影響。人就是活在這樣的人際關係之中。

人際關係使人產生行動

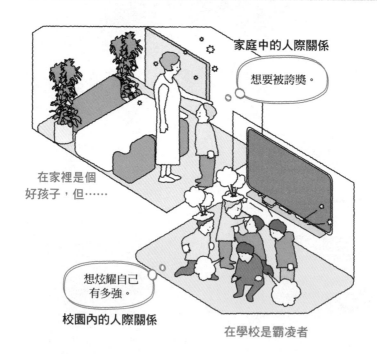

家庭中的人際關係

想要被誇獎。

在家裡是個
好孩子，但……

想炫耀自己
有多強。

校園內的人際關係

在學校是霸凌者

人會因為面對的對象不同，而產生不同的情緒或行為。去了解對方行動背後的目的是什麼，就能幫助我們更加了解對方。關注對方採取行動的目的，而不是試圖去探究對方的想法，如此一來，**就能預測對方在哪種情況下，會採取哪些行動，以及我們該如何做出反應**。

關注那些因對象而異的行動「目的」

耍笨喔！

居酒屋

大眾酒場

朋友

・用「被取笑」來逗人開心

和我在一起吧！

嗯♡

情人

・展現英勇
・想耍帥

不、
不好意思……！

崇拜的人

・畏畏縮縮

上司

・想受到稱讚
・想升官

每個都是自己　只是表現出來的行為
　　　　　　　因對象而異罷了。

31

08

5大前提⑤
何謂「認知論」？

人人都會透過固有的有色眼鏡去看待事物。
但是，看法是可以改變的。

「**認知論**」指出，**人都是由主觀角度去看待世間萬物的**。這代表，人本來就無法客觀掌握事實。任何人都是透過固有的有色眼鏡來看待事物，並按照自己的意願，主觀地賦予事物含義，然後就以為自己是以客觀角度在看待事實了。

每個人都只看到自己想看的

好可愛……

好肥呀～。

感受因人而異，即便對象都是豬。

人人都有一副被過往經驗或個人喜好染過色的有色眼鏡。透過這副眼鏡看事物時，事物的意義也會隨之改變。這些有色眼鏡叫做私人感覺（於P.50解說）、私人邏輯（於P.66解說）。有時候，錯誤的偏見也會使人喪失具有生產性、建設性的行動。但是，**人也可以摘掉有色眼鏡，防止自己掉進負面連鎖效應中。**

每個人的感受都不一樣

09 佛洛伊德心理學有何不同？

與佛洛伊德生活在同一時代的阿德勒，
經常提出與佛洛伊德相反的理論。

佛洛伊德和阿德勒是同一時代的研究夥伴，也是並稱為「深層心理學三巨頭」的心理學界權威。不過，阿德勒心理學的5大前提與佛洛伊德的想法恰好相反。佛洛伊德心理學試著以劃分元素、客觀的方式，來深入探究人的深層心理；相反地，**阿德勒心理學則主張整體論與主觀性，並將焦點放在人際關係上。**

阿德勒和佛洛伊德的想法有許多相異之處

還有，**佛洛伊德心理學**主張「人類由動物本能驅動行動」，**阿德勒則主張「行動目的就在社會和人際關係之中」**。除此之外，和目的論相反的「人是多種要素的集合體」，以及將焦點放在「驅使人採取行動的原因」上的思考模式，也是佛洛伊德心理學的中心思想。

從不同的觀點來認識人類

阿德勒的生平①

來自富裕家庭，從小無憂無慮的心理學家

　　阿德勒生於1870年。他來自富裕的穀物商家庭，是7個兄弟姊妹中的次男。其家庭環境以及他與父母、手足之間的關係，可說是阿德勒心理學的根源。

　　阿德勒的父親的教育方針為不懲罰孩子，也不寵孩子。因此，阿德勒和其他6個兄弟姊妹，都是在尊重自由的民主氣氛中成長的。而這樣的家庭環境也對阿德勒帶來了深刻影響，使他成為一位平等待人、討厭權威的人物。阿德勒的弟弟過世時，他們的母親依然笑著，這使得阿德勒感受到母親的冷酷，因而長期厭惡自己的母親。而這件事也顯現出阿德勒的為人。

　　阿德勒小的時候因缺乏鈣質等原因，而患有「佝僂病」，因此，他很崇拜健康又優秀的大哥，同時也將這位年長兩歲大哥視為競爭對手。此外，阿德勒5歲時，差點就因為肺炎而喪命。這些壯烈的經驗正是促使他立志從醫的原因。

☑ KEY WORD
自我決定論

此想法是：自己的人生，由自己決定。阿德勒認為，人雖然無法選擇生長環境，但是能夠決定「如何看待、面對所處環境」的，就只有自己而已，而所有的結果都來自那些決定。

☑ KEY WORD
目的論

此想法是：人不是為了過去的原因而行動，而是為了將來的目的而行動。阿德勒主張，人在下決定時，必定會想著未來的事。展望未來才是具體的解決問題方式。

☑ KEY WORD
整體論

此想法是：人的心不會產生矛盾，所有的東西，好比理性與感性、身與心、意識與潛意識，都是緊密相連的「一體的東西」。它們既不是對立或矛盾的東西，也無法被分割，且具有相輔相成的關係。

☑ KEY WORD
人際關係論

此想法是：人的所有行動都有其「對象」。人會被別人的行動影響，然後產生感受、做出行動。若沒有對象，就不會產生行動，因此，只要去了解他人行動的目的，就能更加了解那個人。

☑ KEY WORD
認知論

此想法是：人對萬物的理解，都是出於主觀。人不可能客觀地看待事實，任何人都是透過固有的有色眼鏡在看待事物。所有的認知都被我們附加上自己所期盼的主觀意義。

Chapter
2

An Illustrated
Guide to
the Psychology
of Alfred Adler

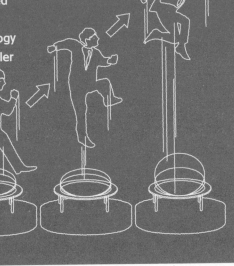

「心」中產生
負連鎖的原因

任何年齡、性別的人遇到討厭或悲傷的事，都會感到情緒低落。本章將為大家解釋，阿德勒認為那些憤怒或悲傷的負面情緒，究竟是如何形成的，又應該如何處理。

01 維持心理健康的必備條件

心理健康跟身體健康並沒有直接關連。
不管身體處於何種狀態，人都可以選擇自己的人生。

阿德勒心理學指出，即使身體不健康，也有辦法實現**精神上的健康**。最佳狀態當然還是「身心都健康」。不過，當一個人遇到任何身體方面的狀況時，**都能靠自己的力量決定並選擇往後怎麼生、怎麼死**，那麼我們就可以說，這個人擁有健康的人格。

自己決定並選擇生活方式

即使身體不健康，也可以實現精神上的健康。

健全的心靈
住在健全的肉體內？

錯！

生病的人

健康的人

自己決定自己怎麼活。

好！
往那邊走！

未來

心理健康的人

另一個建立健康心理的關鍵在於「情緒」上。**抱有許多憤怒、悲傷、憂鬱、不安等負面情緒時，並不是健康的狀態。**在大多數的情況下，人都是為了驅使他人行動，才會表現出負面情緒。比方說，人在無法按照自己的意思去要求對方行動時，就會生氣。若要避免自己生氣，只要屏除「試圖控制他人」的想法就行了。

不要抱有憤怒、悲傷、憂鬱、不安的情緒

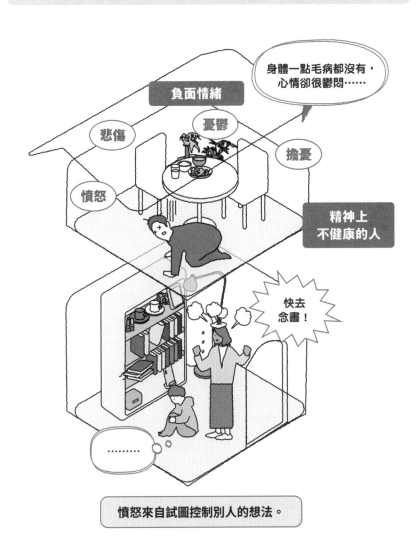

憤怒來自試圖控制別人的想法。

02

任何行動都有其目的，而目的會使人產生情緒

想要擁有良好的人際關係，就得維繫好橫向關係，
而不是試圖利用縱向關係來操控別人。

阿德勒主張：「人的問題全都是人際關係問題。」對健康、幸福的生活來說，良好人際關係是不可或缺的存在。**良好人際關係指的是擁有橫向關係，並終止縱向關係**。普通的人際關係是指縱向關係，也就是優劣、善惡、對錯、上下的關係，而這些都是競爭關係。阿德勒心理學指出，縱向人際關係正是殘害心理健康的主因之一。

從縱向關係變成橫向關係

縱向關係＝競爭關係

打破縱向關係的關鍵在於理解「**情緒的運作方式**」。人的**任何行動都具有目的**，然後為了達成目的而產生情緒。比方說，憤怒就是為了達成「想控制對方」這個目的而製造出來的手段。**控制他人等於是進入了縱向關係**。若是能徹底看清這一點，就不會產生那些會破壞人際關係，具有破壞性的情緒了。

去理解「所有行動都有其目的」

生氣是為了實現
目的（＝攻擊、控制對方）
的手段之一！

做錯了啊!!

人會生氣是因為有「目的」！

好生氣

好傷心

憤怒、悲傷等情緒
都是實現目的的手段。

03 情緒的功能和目的是什麼？

思想與情緒密不可分。
想要更加了解自己，就要先理解自己的情緒。

阿德勒心理學指出，**人的所有情緒都存在於自己與他人之間**，而不是存在於自己的心中。人會向外製造情緒，以幫助自己達成目的。因此，情緒不是囤積在心裡，而是向外展現的東西。如果有人說「我沒有生氣」，就代表其他人都感受到他的怒氣了，只是他自己沒有自覺而已。

人會向外製造出情緒

一看就知道他在生氣。

我沒有生氣喔。

※笑著生氣的人

生氣

他人

他人

情緒顯現在自己與他人之間。

情緒具有下列3種特徵※。①與身體、思想、行動密不可分。②思想負責
「理性迴路」，情緒則負責「非理性迴路」。③成為行動的動力。人在事
與願（思想）違時之所以會生氣，就是因為思想和情緒有著密不可分的關
係。因此，**想要了解自己，就一定要先理解自己的情緒**。

情緒所扮演的角色

①與身體、思想、行動密不可分

你在搞什麼！

②非理性迴路

切換成非理性迴路

不可以對別人
發脾氣。

理性迴路

非理性迴路

③成為行動的動力

好！就來
挑戰看看吧！

認識自己的
情感是
首要之務。

※引用自：《人生が大きく変わるアドラー心理学入門（暫譯：改變人生的阿德勒心理學入
門）》（岩井俊憲／KANKI PUBLISHING／48～49頁）

45

04 「樂天」和「樂觀」有什麼差別嗎？

毫無根據的正面態度——「樂天主義」具有危險性。
「樂觀主義」的思考模式才是激發勇氣的關鍵。

阿德勒曾說：「悲傷使他人離我們遠去，歡喜則吸引他人接近我們。」他認為，與歡笑有關的情感，是連繫起人與人的關鍵。笑容不僅對他人，對自己來說也很重要。**正面思考能夠激發自己的勇氣**。能夠常保微笑，即意味著自己平時就是以積極思維在過生活。

笑容連結起人與人

笑容＝連結起人與人的橋梁。

樂天主義和樂觀主義雖然都屬於正向思考，但兩者卻是大不相同[※]。「一定會有好事發生」——為這種毫無根據的想法而開心愉悅，就屬於樂天主義。當這種思考模式遇上不好的事情時，就會因此陷入挫折。而在日常生活中遇到壞事時，**會產生「找出最佳對策就沒問題了」的想法，就屬於樂觀主義。**欲激發自己的勇氣時，樂觀主義的思考方式可說是相當重要的一環。

冷靜思索最佳對策就是樂觀主義者

樂天主義

那是毫無根據的想法喔。

之後會發生好事吧～

TROUBLE

盡全力解決就好了！

原來如此。

困難找上門！

樂觀主義

樂觀主義會激發自己的勇氣。

※引用自：《人生を変える思考スイッチの切り替え方　アドラー心理学（暫譯：改變人生的思考轉換法——阿德勒心理學）》（八巻秀監修／NATSUME社／110～111頁）

05 劣等性、自卑感、自卑情結之間的差別

不健全的並不是「自卑感」，而是「自卑情結」。
理想狀態是：能夠把自卑感轉化為努力的動力。

阿德勒心理學中**有3個與「自卑」有關的用語，即「劣等性」、「自卑感」和「自卑情結」**。第一個「劣等性」純粹是指事實，好比天生的殘疾、障礙，或人生中遇到的不利條件。第二個「自卑感」指的則是那些因為理想和現實有落差，而湧現的主觀性負面情感。人總是為了理想與現實的落差所苦。

自卑感是自身理想與現實的落差

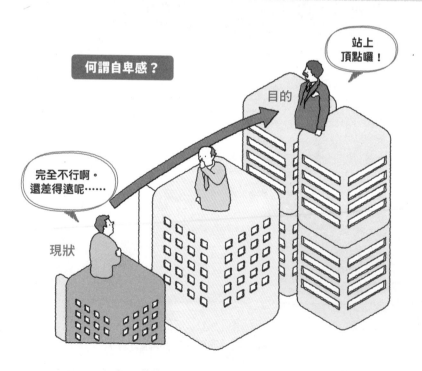

何謂自卑感？

站上頂點囉！

目的

完全不行啊。還差得遠呢……

現狀

若拿自己的劣勢當理由，**藉此逃避人生該面對的課題，那麼這樣的態度和行為**，就是第三個的「自卑情結」。阿德勒指出，自卑情結是「異常、不健全狀態的自卑感」。另外，有些人會把自卑感當作努力的原動力，也就是說，這些人雖然會有「自卑感」，但是不會有「自卑情結」。

「自卑感」和「自卑情結」是兩回事

何謂自卑情結？

這個工作就交給你了。

試圖逃避人生的課題。

我這種人根本做不到啊。

還有一堆課題在等著我呢！

將自卑感化為動力的人

積極面對人生的課題。

06

何謂基本錯誤 （basic mistakes）？

人是一種只能用主觀視角看待事物的生物。
當危機來臨時，就得當心基本錯誤。

人不會以客觀角度理解事物，而是透過「將自己的主觀認知附加在事物上」來掌握事物的。而這些**對於他人、自己、人生等事物所抱持的個人固有觀點、感受、價值觀，就叫做「私人感覺（private sense）」**。私人感覺就跟因人而異的有色眼鏡差不多。阿德勒心理學指出，人不管在否定或肯定某個事物時，都會以扭曲的見解來看待事物。

人人都是透過固有的有色眼鏡在看事物

在私人感覺當中，那些會使自己與他人產生摩擦，導致自己活得不舒服的扭曲想法，就叫做「**基本錯誤**」（basic mistakes）」。最常見的5種基本錯誤是：「武斷」、「誇大」、「疏忽」、「過度概化」、「錯誤價值觀」。人一旦陷入危機狀態，就很容易被基本錯誤控制。

控制人們的5種基本錯誤

❶ 武斷：明明只是一種可能性，卻依此斷定事物

那個人絕對會討厭我！

無論我做什麼，都會被否定！

也有做得不錯的地方啦！

這次的工作徹底失敗了！

❷ 誇大：用誇張的眼光看待事物

❸ 疏忽：只注意某一部分，而忽略了更重要的事

反正這次也會失敗！下次也一樣！

❹ 過度概化：遇到一次挫折，就認定其他事也不會順利

丟了工作，活著也沒意義了。

❺ 錯誤價值觀：擅自認定「自己沒有活著的價值」等

07 人為何無法客觀看待事物？

每個人都會認為主觀認知比客觀事實來得重要。
只要刻意改變，或許就能解決問題。

阿德勒心理學認為，人們對事物的看法終究只是個人的主觀產物，而看法也因人而異。比方說，公司調派一位新上司過來時，大家都會根據自己的喜好或經驗來衡量、判斷那位上司的為人。換言之，**對每個人來說，自己對事件或人物的看法，都會比客觀事實來得更重要。**

人是以主觀認知來認識事物

即便是相同立場的人在面對同一件事情時，也會根據各自的主觀而有不同的看法。反過來說，**只要刻意改變主觀上的認知，就能改變自己的感受。**為職場上的異動或人際關係而煩惱時，只要能夠改變自己的觀念並將之視為轉機，或許就能消除那個煩惱。

藉由改變觀念來解決問題

08 了解憤怒如何產生，才能遠離憤怒

誰「對」、誰「錯」的思考模式
會讓人心產生憤怒情緒。

怒氣的產生過程和「是對」、「是錯」的觀點或想法，有著密不可分的關係。阿德勒心理學建議人們避免這樣的想法，並且應該重視「哪種思考模式方便我們追求幸福，而哪種思考模式會造成不便」。**「正確性」終究是只屬於某人的「正確」**，然而世間的紛爭，小至親子吵架，大至國家戰爭，都是由「誰對、誰錯」所引起的。

「正確、不正確」是人們爭吵的原因

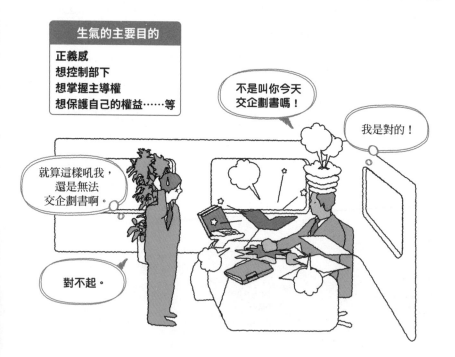

生氣的主要目的
正義感
想控制部下
想掌握主導權
想保護自己的權益……等

不是叫你今天交企劃書嗎！

我是對的！

就算這樣吼我，還是無法交企劃書啊。

對不起。

憤怒的根源有著個人固有的信念與想法，例如「應該要○○」、「必須○○才行」等。「我是對的，那個人錯了。」這樣的縱向關係思維會引發怒氣，進而演變成爭吵。憤怒在各種情緒當中，是最難控制的一種。**停止思考誰對、誰錯**，將有助於我們建立良好的人際關係。

別再思考誰對、誰錯了

你說啥？

!?

喂！你們這樣做是不對的！

啊～？

該怎麼做才能讓你們和其他人都獲得幸福呢？

捨棄「他這樣是對還錯？」的觀點。

09 過度追究原因將使人陷入負面的連鎖效應中

不可以過度執著於追究原因。
請放眼未來，想想接下來自己能做些什麼。

發生問題時，我們都會回顧過去，思索「當時哪裡做錯了？」並試著找出原因。這就叫做「**原因論**」。過度執著於原因，就會開始尋找犯人，冒出「都是那個人害的」的想法，然後陷入「**後悔過去，否定現在**」的負面連鎖反應中。然而再怎麼追究原因，也無法改變過去。

原因論會使人陷入負連鎖

小學時失敗過。

國中時也失敗過。

過去

求職也失敗。

現在之所以不順利，都是過去的失敗害的！

現在

阿德勒心理學的「目的論」主張「人的任何行動背後，都有一個建立在個人想法上的目的」。目的論認為問題是自己的事，而不是他人的錯。跟「過去」不同的是，「未來」是可以靠自己改變的。**思索之後能夠做什麼，才能達成目標**，這種做法就是 <u>**有目標的思考**</u>。有目標的思考也是鼓舞自己的有效方法。

思索今後能夠做些什麼，來幫助自己達成目的

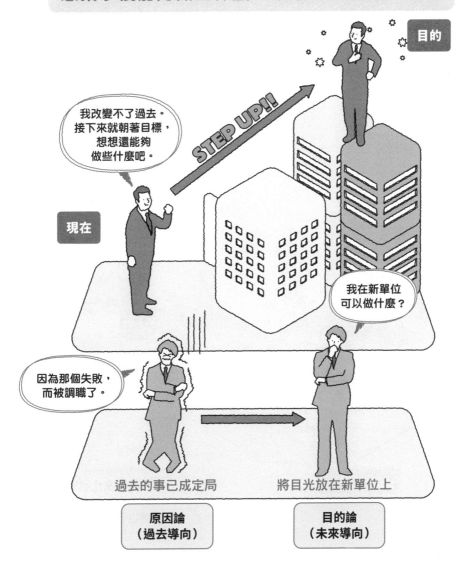

10 「煩惱」會不知不覺 助長自我正當化？

「自我正當化」是保護自己的手段之一，但必須留意。
一不小心就會使我們把失敗歸咎於他人。

許多人總是相信自己是正確的，而事情不順利都是別人或其他事情所導致的。這就叫「**自我正當化**」。這其實是一種保護自己的方法，而不是什麼不好的事。將「保護自己」當成目的並沒有錯，只不過，選擇其他方法會來得更有建設性。

人人都活在自我正當化之中

自我正當化

自我正當化也有好的一面，就是「保護自己」。

自我正當化往往會欺騙自己，甚至會轉移注意力，令自己暫時忽略真正的問題。其實，改變自己的行動才是解決問題的方式，儘管如此，**人還是會試著在別人身上尋找出錯的原因，並以此欺騙自己**。如此一來，就會不斷遇到相同的問題，且永遠無法解決。欺騙自己無法改變任何事，因此，人一定要正視問題，並改變自己的行動。

自我正當化是欺騙自己的行為

做什麼都不順利，但是錯不在我！

自我正當化

我想試試這樣的工作。

怎麼辦……

正視那些不如意的問題！

※若不認真解決問題，
只會煩惱的話，
就會變成自欺欺人！

阿德勒的生平②

與畢生摯愛
一起挺過
婚姻危機

　　阿德勒於27歲結婚，育有4名子女。阿德勒與他的妻子拉伊薩是在一場政治集會上相識的。兩人認識不到一年就結婚了。拉伊薩是一位聰慧、意志堅定的美麗女性，因此令阿德勒為她深深著迷。

　　阿德勒晚年罹患了幾乎令他喪命的重病。但後來，他的妻子和女兒來探望他，令他開心得連病都好了。雖說這段美妙的故事顯示出阿德勒有多愛他的妻子和家人，但他的婚姻絕非一帆風順。

　　拉伊薩不喜歡「養兒育女、做家事是女人的工作」的觀念，阿德勒則不認同她的想法。後來兩人更因為觀念不同，而以阿德勒移居美國為契機，展開了為期數年的分居生活。分居期間，阿德勒曾多次寫信給拉伊薩，卻從來沒收到她的回信。拉伊薩一直到阿德勒過世前兩年，才搬到美國。儘管他們曾有分歧，最後還是攜手共度了晚年歲月。

☑ KEY WORD

樂觀主義

在生活中遇到不順心的事情時，若有「思考最佳對策就行了」的想法，就屬於樂觀主義。若毫無根據、未經思考的盲目相信「一切都沒問題」，則屬於樂天主義。這樣的人一遇到不好的事，就會陷入挫折。

☑ KEY WORD

自卑情結

把自己的劣勢當成逃避人生課題的藉口——這樣的態度或行為，即屬於自卑情結。人在現實與理想有落差時，所湧現的種種主觀性負面情感，即統稱為「自卑感」，而「自卑情結」則是指異常且不健康的自卑感。

☑ KEY WORD

基本錯誤

那些會導致自己與他人產生摩擦，令自己難以好好過生活的扭曲想法，就稱為「基本錯誤（basic mistakes）」。典型的5種基本錯誤為：「武斷」、「誇大」、「疏忽」、「過度概化」、「錯誤價值觀」。

☑ KEY WORD

原因論

不斷思考「到底哪裡做錯了」，執著於找出肇因，這種思考模式就叫「原因論」。人一旦過度追究原因，便會開始尋找犯人，產生「會變成這樣，都是那個人的錯」的想法，甚至陷入「後悔過去，否定現在」的負連鎖中。

☑ KEY WORD

自我正當化

深信自己所做的事都是對的。有這種思考習慣的人，在遇到突發問題時，或許就會覺得「自己很可憐，錯的是別人」，然後開始自欺欺人並怪罪他人。

An Illustrated
Guide to
the Psychology
of Alfred Adler

如何建立「正面、積極的自我」

　　人生中難免會遇到諸事不順、缺乏自信、無法相信自己並為此焦慮的
情況。然而，人也能消除這些負面、消極的想法。那麼，如何讓自己
變成樂觀積極的人呢？想知道的話，就繼續看下去吧。

01

培養建設性思考，擺脫扭曲思維

人要有「共通感」，能夠換位思考，
才有辦法建立有建設性的思考模式。

容易產生消極想法的人，可以藉由變成「**有建設性的人**」，來擺脫過去的扭曲觀念。有建設性的人雖然會替他人著想，但絕不是濫好人。**有建設性的人會思索「我能為自己和他人做什麼」，並採取行動**。濫好人則是處處配合他人，什麼事都做。

不要變成處處迎合他人的濫好人

心中有「希望別人覺得我是好人」的想法，答應他人的任何委託，結果卻搞壞人際關係。

有建設性的人會思考自己該做什麼，才能讓自己和對方達成的目。有時為了達成的目的，也得考慮拒絕對方的請求。

若要成為有建設性的人，就要重視「**共通感（common sense）**」。共通感指的是彼此之間的相同感受。人本來就是以主觀角度來捕捉事物的生物，因此通常都有「**私人感覺（private sense）**」，也就是感受因人而異。正因為如此，建立良好人際關係的訣竅就在於：檢視彼此的相異之處，必要時就統一意見或互相包容。

私人感覺的相反概念為共通感

有了共通感覺，就代表自己和他人的看法或認知已達成一致。

02 如何避免被自己的「武斷」控制了想法？

私人邏輯過於偏頗時，看待事物的角度就會走偏。
請記得，自己的想法只不過是個人意見而已。

我們在與他人相處時，都希望自己能站在客觀角度來看待事情，但這並非易事。人不是根據共通感（common sense）的價值觀，而是根據私人感覺（private sense）的價值觀來感受事物，並提出自己覺得好的「應該要這樣」，然後選擇一種自認為很好的「行動」來達成該目標。這一連串的流程就叫做「**私人邏輯（private logic）**」。

私人邏輯會招致誇大、妄下定論等

人會根據自己的價值觀，導出自己特有的目標設定與行動抉擇。這一連串的流程就是私人邏輯。每個人都是透過私人邏輯來採取行動的，但是，私人邏輯可能會招致武斷、誇大、疏忽、過度概化、錯誤價值觀等。

誇大

朝著壞的方向擴大解釋，例如：「她總是忘東忘西」、「大家都把我當壞人」。

武斷

還不知道結果，就先下結論，例如：「如果是他的話可能會做」、「反正一定是●●」等。

錯誤價值觀

用具自我毀滅性、破壞性的無邏輯觀點看待事物，例如：「出錯就該辭職」等。

過度概化

將特定案例套用到所有事物上，例如：「A縣出身的B先生是個壞心眼的人，所以A縣的人都很壞」。

疏忽

只看見一部分的不好，便以此來否定全部，例如：「他這麼愛遲到，工作一定也做不好」。

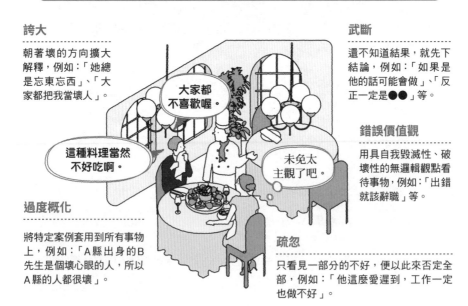

> 大家都不喜歡喔。
>
> 這種料理當然不好吃啊。
>
> 未免太主觀了吧。

私人邏輯可能會使人**武斷下結論，好比「○應該是●」或「△一定是▲」**。必須先意識到自己的私人邏輯，才能預防此情形發生。另外像是**「大家都這麼說」或「你就是●●啦」等，都是代表著武斷、誇大、過度概化的詞語**，因此還請多加小心，避免使用那些詞語。最重要的是要意識到，你的想法和結論並不是客觀事實，而只是個人意見而已。

對自己的私人邏輯保持自覺

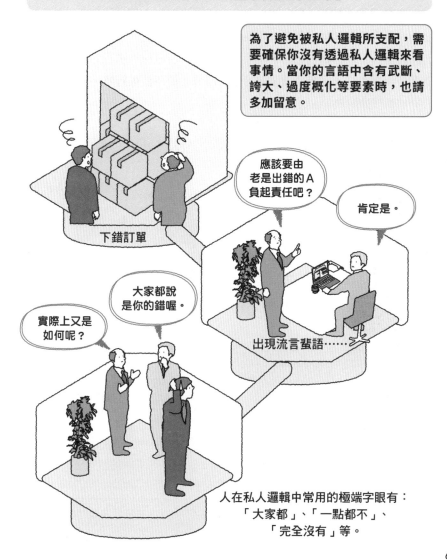

為了避免被私人邏輯所支配，需要確保你沒有透過私人邏輯來看事情。當你的言語中含有武斷、誇大、過度概化等要素時，也請多加留意。

應該要由老是出錯的A負起責任吧？

肯定是。

下錯訂單

大家都說是你的錯喔。

實際上又是如何呢？

出現流言蜚語……

人在私人邏輯中常用的極端字眼有：「大家都」、「一點都不」、「完全沒有」等。

03 如何產生「共通感」？

私人感覺傾向於武斷下結論，共通感則與之相反。
該怎麼做才能建立共通感？

私人感覺可說是個人的有色眼鏡，而共通感則是與之相反的概念。**共通感**是指，雙方透過討論、磨合彼此的私人感覺而達成的共識。為此，必須確認對方的感受是否跟自己的一樣。另外，當磨合過程不順利時，就要**認同彼此的相異之處，互相尊重彼此的私人感覺，而不要強行統一。這麼做才是有建設性的做法**。

在可接受範圍內磨合彼此的想法

讓彼此的私人感覺進行磨合，並討論是否有一致的地方。

你覺得呢？

不對吧？

不就是這樣嗎？

嗯，應該是那樣吧。

嗯，我也這麼認為。

但也有意見不合的時候……

也可以這樣想呢。

若無法順利協調，就不要強行統一意見。此時應該要試著尊重彼此的意見。

你必須與人進行協調，同時具有「**自己和對方都無法擺脫私人感覺**」的自覺，才能建立共通感。然後，你還要捨棄二分法思維，好比「哪個對、哪個錯」或「哪個好、哪個壞」。**互相尊重、退讓並尋找彼此都能接受的做法**，才是最重要的事。

藉由討論和磨合來建立共通感

為了用共通感來觀察事物，重點在於必須先「退一步」。此外，增加觀察視角（例：對方的視角、旁觀者的視角、整個團體的視角）也有助於建立起共通感。

追求完美不如
追求進步

學習阿德勒心理學也不是一步登天的事。
與其執著於完美無缺，不如期待自己的進步。

共通感不僅會幫助我們擺脫私人邏輯，還會在我們試著培養社會情懷時，發揮極大的效益。人在職場、家庭或社區等群體中，與周遭的人們聯繫在一起，就會感到平靜，覺得這個地方有家的感覺。這種感覺就是「社會情懷」。**和周遭的同伴建立起共通感與信任感，並溝通交流，就會讓人覺得自己是群體的一分子，也就是讓人更容易建立起「社會情懷」。**

關注與同伴的共通感，就能感受到彼此的情誼

站在妻子的
立場思考吧。

家庭

站在朋友的
立場思考吧。

職場

站在上司、
同事、部下的
立場思考吧。

朋友

在家庭、職場、交友圈等團體中培養共通感，會使人較容易感受到同伴間的牽絆。覺得自己是團體中的一分子，將有助於建立起社會情懷。

在現實生活中，其實並不容易培養出社會情懷，並與他人產生一體感。阿德勒心理學推崇的實踐方式是：**與其追求完美，不如追求進步**。即使失敗了，也要接受不完美的自己，並繼續前進。只要慢慢地進步，你的人際關係也會逐漸獲得改善。

不必急著追求完美，一步一步來就好

耶！抵達終點！

過程中雖有失敗
但進步不少。

GOAL!!

離終點很遠，
但一步步前進吧。

START!!

在生活中實踐阿德勒心理學時，很難迅速達到完美。請你一面接受自己的失敗，一面慢慢往前邁進。在這過程中，煩惱也會逐漸消失。

05

將人人都有的自卑感
變成幫助成長的彈簧吧

理想和現實之間出現落差，就會讓人產生自卑感，
但自卑感本身並非只有負面效果。

無論是誰都有自卑感。當現實和自己的理想有落差時，就會產生自卑感。雖然自卑感令許多人感到痛苦，但阿德勒認為，**自卑感是幫助人們成長的健康感受**。自卑感能促使人朝著自己的理想前進，成為自己真正想要的模樣，因此，有自卑感絕非壞事。讓我們把自卑感當成進步的踏板吧。

因為有理想，才會產生自卑感

舉例來說，看到同事的工作表現亮眼時，可能會產生自卑感。本來，「同事做出成績」和「自己沒有做出成績」是沒有關聯性的。然而，下意識去比較這兩件事後，就會產生自卑感。

阿德勒留有「**追求優越性**」一詞。「希望自己變得更好」是人們普遍的願望。也可以說，人之所以會產生自卑感，就是因為人都會追求優越性。而為了好好利用這種欲望，你可以制定一個提升自我的目標。「認同朝著目標努力的自己」也是很重要的一件事。自我認同可以提升動力，激勵自己繼續成長。

讓自卑感變成往上爬的助力

努力開發客戶吧。

考取證照吧。

為了更接近理想，先設定目標。

反正我再怎麼努力也沒用。

自卑情結
在阿德勒心理學中，因抱有自卑感而（下意識地）選擇了不採取行動，就稱為「自卑情結」。

追求優越性
為了防止自己陷入自卑情結，我們應該要善加利用自卑感。人人都有「變得更好」的欲望，因此，就讓我們制定一個提升自我的目標，朝著理想邁進吧。

06 挫折和失敗是成功之母。如何不懼怕挑戰？

即使失敗,也不要讓自卑感阻礙自己。
重要的是要繼續挑戰,別害怕失敗。

在工作、學習、生活等各式各樣的人生場合中,**任何人都有機會犯錯**。在P.48～49解釋過,會阻礙人採取行動的自卑感,就是「自卑情結」;但是,我們不應該因為遇到失敗或挫折,就停下腳步想著:「反正我這種人……」。應該要充分利用失敗的經驗,繼續挑戰,好比試著在下次的挑戰中改變做法。**只要把失敗當作成長的養分就行了。**

失敗並不是什麼壞事!

失敗時,不應該想著「就算我採取行動了也會失敗」,讓自卑情結阻礙自己行動。我們得從失敗中學習,例如:「上次那樣做,結果失敗了,所以這次試試這樣做吧。」

重點是，我們要具備繼續挑戰的勇氣，才能活用失敗經驗。此時最重要的是，**即使失敗，也要嘉勉「勇於挑戰」的行為**。不要被「為什麼我考不上……」之類的自卑感牽制住。此時應該要積極地想：「我努力挑戰了很難的測驗！」如此一來，**就能無懼失敗，繼續為了成長而接受挑戰**。

讚美勇於挑戰目標的自己

試著用假動作吧！

改變姿勢吧！

即使挑戰失敗，也要讚美自己「我很努力挑戰了！」賦予自己勇氣。只要這麼做，就能繼續挑戰、成長，最終獲得成功。

07

理想終究只是理想，
應清楚劃分現實與理想

擁有理想對一個人的成長很重要。
但我們還是必須明確區分現實與理想。

享受進步的過程比追求完美還要重要。然而，抱有理想（自己心中的完美構圖）也是相當重要的一件事。因此，**必須好好區別現實與理想**，才能更積極地生活。現實不如理想時，會使人產生自卑感，但我們可以將其當作成長的踏板。同樣地，擁有理想也不是什麼壞事，但還是要記得，理想僅僅是理想。

不該讓理想折磨自己

我總有一天要創業，
打造年營收100億的企業，
然後跟偶像結婚，讓好萊塢
將我的人生翻拍成
電影之後……

你的夢想是
什麼？

……但願
能實現。

擁有理想會促使人成長，但是，若無法分辨理想與現實，就會被「我永遠無法實現夢想」的想法折磨。

假如認為理想一定會實現，就會產生「無法成為理想中的自己」、「遇不到理想伴侶」、「無法在理想環境中生活」等煩惱，令自己痛苦無比。我們必須記得，理想只不過是個理想。**請接受此時此刻的現實，並努力感受追求理想時的幸福吧**。

不要在別人身上尋找理想

為現實與理想的落差感到痛苦。　　追求理想的同時也要接受事實。

「在他人身上尋求自己的理想」也是不好的做法。就跟自己不完美一樣，別人也是不完美的。請接受「彼此都並非完美」的現實吧。

08 培養「被討厭也不要緊」的思維

人不可以將「不會被別人討厭」視為目標，
而是要培養「被人討厭也不要緊」的思維。

人當然都不希望自己被別人討厭。只是，如果將「不被討厭」視為首要目標，就有可能開始欺騙自己或他人，導致自己或他人無法達成目標。此外，當你覺得「大家都討厭我」時，也需要重新檢視，這是不是自己**妄下結論**。只要冷靜判斷的話，就會注意到那些在身邊支持著你的人們了。

感受到的是否只是自己草率下的結論呢？

舉例來說，當你覺得「大家都很討厭我」時，就可以問問自己，事實真的是如此嗎？也許，那只是你的負面思考在作祟而已。

所有人都討厭我！

我討厭那傢伙！

並不是所有人都討厭我！

我討厭那傢伙！

我不討厭啊。

我也不討厭他。

我還滿喜歡他的。

自問「所有人都討厭我」是否屬實，並進行分析。這麼做才能擺脫那些臆測。

將心態調整成「別人討厭我也沒關係」也是很重要的一件事。任何人都無法獲得所有人的喜愛。有時候，好比在職場中，你也無法避免跟討厭自己的人交流。這種時候就不要用喜好來做判斷了。**請想想「自己該如何做出貢獻」或「該怎麼跟對方合作」，試著找出更有建設性的做法吧。**

思考如何作出貢獻，並採取行動

> 與其思考喜好問題，不如想想該如何為達成目標做出貢獻。若能將這樣的想法付諸實行，討厭自己的人也會逐漸減少。

09 其實只是自以為和對方「處不來」？

覺得跟某人處不來，大多都是因為有成見。
應避免根據過去的經驗和記憶做出過多的假設。

每個人都有不想面對的人。但其實，這種討厭的感覺，有可能只是**先入為主**的看法。比方說，若某人曾和重視精神論、以上下關係優先的對象有過不愉快的經驗，他後來就根據那段經驗與記憶，導出「我跟那種類型的人處不來」的結論。**先入為主的觀念，會使人在尚未了解對方時，就下意識地進行評價，因此可能會大大改變評價結果**。

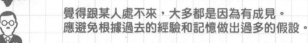

不好的感受來自過去的經歷

要講幾次你才懂！

罵個不停的人真討厭。

初次見面，你好。

因為他有留鬍子，所以一定是個討厭鬼。

「不喜歡對方」的想法來自過去的經驗。這會使人下意識地產生「因為和那個人有點像，所以他一定也是那種人」的想法。

我們往往會根據自己的成見來評價他人，因此，最好留意「這種類型的人都會這樣」的想法並不見得是正確的。**即使對方是你不喜歡或不想面對的人，也有可能在彼此深入交談後，便對他大大改觀**。在不喜歡對方時，會對他抱有像是「頑固」這樣的負面印象；但只要對他改觀，有了好印象之後，他的固執也就變成「意志堅定」了。

改變心態後，連缺點都能變成優點

缺乏合作精神！

自以為是！

頑固！

他在發揮領導能力。

他意志堅強。

他擁有獨特的信念。

對一個人的印象發生變化時，對其性格、言行的評價也會跟著改變。即使看到不喜歡的人有什麼缺點，也可藉由改變自己的心態，讓缺點變成優點。

10 想接近「理想的自己」就要從「自我描繪的形象」開始改變

即使是為了謙虛，自我貶低也會在無意識中
對自己的心產生負面作用。

當和別人談起自己時，你是如何描述自己的？談論或描寫自己，就叫做**自我對話**，其實人們經常會做這件事。然而，有時人們出於謙虛，會以消極的方式談論自己，如「我很笨拙」、「我不擅長與人來往」等。**這樣的自我對話方式可能會替自己貼上負面標籤。**

自我對話能改變自己

我很膽小。

我心胸狹隘。

我腦子不靈活。

我究竟是什麼樣的人？

用自我對話來貶低自己，會導致自己也認為自己沒有價值。

本來只是謙虛，現在真的開始這麼認為了……

自我對話所創造的自我形象，即稱為「自我概念」。如前頁所述，負面的自我對話會形成負面的自我概念，不過，只要進行正面的自我對話，就會形成正面的自我概念。先找出自己的優點，再把注意力放在優點之上，並加以延伸發展。

進行正面的自我對話

我腦筋靈活。

我心胸寬大。

我很勇敢。

我究竟是什麼樣的人？

找到自己的優點，讓我能發揮所長！

透過正面的自我對話來塑造正面的自我概念，讓自己的優點獲得發展。

11 任何人都能在任何時候 開始改變自己的風格

每個人都能隨時開始改變自己的性格。
因為，現在的性格也是自己選擇的。

很多人覺得，是自己的性格阻礙了自己的行動，例如「我雖然很想主動約朋友出門，但我是個消極的人」、「我雖然很想跟剛認識的人當朋友，但我生性害羞」等。心理學上的「性格」是指一連串的認知（看法）、思考、行動模式，也就是「在這種情況下會怎麼想，如何行動」。

心理學上的「性格」是什麼？

他個性大而化之。

每次都隨便收拾一下而已。

心理學上的性格是指，一個人的認知、思考、感受和行動的「模式」。心理學上亦認為，性格是難以改變的東西。

阿德勒心理學認為，概念相似於性格的「**生活型態**」，在某種程度上是可以改變的。生活型態是指：人對事物的看法、想法和行動的「傾向」。這是年幼時的我們自己選擇，並無意識地決定沿用至今的風格。阿德勒認為，既然可以自己決定，那麼當然**可以由自己來改變生活型態**。

阿德勒眼中的「性格」是什麼？

就跟日常對話中的生活型態一樣，阿德勒心理學中的生活型態也是由自己選擇的。因此，只要你有「想要這麼做」的想法，就能做出一定程度的改變。

他總是率先幫忙打掃環境呢。

他還會打招呼。主動積極的感覺真不錯。

早安！

我想變成個性積極的人。

好！積極地行動吧！

阿德勒心理學的生活型態是指，一個人在人生中的行動原理等。

阿德勒的生平③

當眼科醫師時的經驗促使他立志成為心理學家

阿德勒實現了兒時的從醫夢，成為了一名眼科醫師。在那之後，他先是成為內科醫師，然後才變成精神科醫師，開始以心理學家的身分進行醫療活動。不過，眼科時代的工作經驗，才是促使他決定朝著心理學發展的關鍵。

阿德勒當眼科醫師時，在治療視覺障礙患者的過程中注意到許多事。例如，患者的視力不好，但相對地，管理聽覺或觸覺的器官會比正常人來得敏銳。最重要的是，他們往往比其他人更努力克服「跟別人不一樣」的自卑感。換言之，他們都有主動進行心理補償的傾向。正因為當眼科醫師時，得到了這些近距離觀察、接觸病患的經驗，才讓阿德勒對心理學領域產生了興趣。

我們可以在阿德勒的早期著作《器官缺陷及心理補償的研究》中找到這段故事。

☑ KEY WORD

私人邏輯

從看待事物的方式到設定目標、採取行動——這一連串的流程就叫做「私人邏輯（private logic）」。抱有私人邏輯，可能會令人武斷認為「○應該是●」、「△一定是▲」，或犯下誇大、過度概化的錯誤。

☑ KEY WORD

共通感（common sense）

通常，自己和別人的私人感覺是不一樣的。當彼此的私人感覺達到一致時，就會產生共通感。有時本來就是相同的，有時則需經過磨合才能達到一致。除了要站在對方的立場思考，還要以他人或團體的視角觀察，才能更加客觀地看待、感受事物。

☑ KEY WORD

追求優越性

「希望自己變得更好」是人們普遍的願望。也可以說，人之所以會產生自卑感，就是因為人都會追求優越性。而為了好好利用這種欲望，可以制定一個提升自我的目標。「認同朝著目標努力的自己」也是很重要的一件事。

☑ KEY WORD

自我對話

談論或描寫自己，就叫做自我對話。即使是出於謙虛，而朝著負面方向（例如：「我很笨拙」、「我不擅長與人來往」）進行自我對話，也會產生負面的自我概念（由自我對話中形成的自我形象），因此必須小心。

☑ KEY WORD

生活型態

這裡指的不是生活方式，而是人的性格或信念，好比對事物的看法、想法或行為傾向。一般而言，人們認為生活型態難以被改變，但阿德勒心理學認為，人可以主動做出改變，朝著理想中的自己前進。

Chapter

4

An Illustrated
Guide to
the Psychology
of Alfred Adler

改善「人際關係」
的方法

無論是在校園裡或職場上，人際關係都是生活中不可避免的一部分。有些人可能會有「不擅長與他人相處」的煩惱。在本章中，將會從阿德勒心理學的觀點，來為各位介紹人際關係中的重點和要領。

01 有助於建立良好人際關係的「橫向視角」是什麼？

並非所有的讚美行為都能為對方加分。
若不注意讚美方式，反而會產生反效果。

乍看之下，讚美似乎是一種鼓勵人們成長的行為。但實際上，這是在縱向關係的前提下進行的行為，而責備也是同樣道理。人為了對方好，再多漂亮好聽的說詞都編得出來，但這往往只是人在無意識中，試圖抬升自己的地位而已。用「**橫向視角**」，而不是用高高在上的視角來待人，才能賦予他人勇氣。

使用「橫向視角」，而非縱向視角

像是以「人」為對象的「做得好」或「很厲害喔」之類的詞語，就是建立在縱向視角上的讚美。反之，能夠激發勇氣的讚美詞語，都是**針對「行為」的橫向視角鼓勵或同理**，例如：「你幫了我一個大忙」、「謝謝」、「你很樂在其中呢」。有意識地在對等的關係下進行賦予勇氣，才能激發出克服困難的力量。

對等的人際關係能減少負面情緒

02 即使處於上下關係之中，也不能缺少「互相尊敬」

互相尊敬，自然而然就能建立起
橫向人際關係。

「**尊敬對方**」是建立橫向人際關係的必備條件。比方說，在職場中，部下必須尊敬上司是理所當然之事，但一直以來，也都會強調上司必須「尊重」部下。然而，阿德勒心理學認為，不應該以「自己的地位比較高」這樣的理由來決定自己的態度，身為上司本來就應該尊敬部下才對。

不要用地位高低來決定態度

大家都應該
為了我幹活。

讓我為大家
找出提升
效率的方法。

A部長

B部長

**A部長用很不客氣的態度對待部下，B部長
則是用尊敬的態度。**

如果是根據能力好壞或地位高低來決定尊敬與否，就無法維持良好的人際關係了。不管彼此的年紀、健康狀態、思想、宗教是否相異，或是對方處於何種狀態，「互相尊敬」都是最理想的相處方式。雖說如此，你也不能強迫對方尊敬你，因此，**你必須先試著尊敬對方**。

即使能力或立場不同，也要互相尊敬

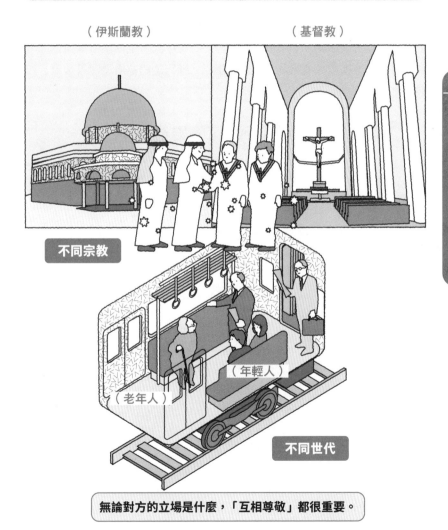

（伊斯蘭教）　　　　　　　　（基督教）

不同宗教

（年輕人）

（老年人）

不同世代

無論對方的立場是什麼，「互相尊敬」都很重要。

03 「信賴」與「信用」的差別是什麼？

乍看之下，「信賴」與「信用」似乎差不多，
那麼，這兩個詞之間到底有什麼不同呢？

無論對方打算採取什麼行動，**信賴**對方都是很重要的一件事。阿德勒心理學認為，任何行動的基本意圖都是好的。例如，復仇或權力鬥爭也都是為了被團體認可及接納，而復仇、鬥爭只是一種手段，也就是次要目標。因此，**不管對方採取什麼行動，我們都要用「該行動的背後潛藏著善意」的觀點來看待**，並相信對方。

人的所有行動都是出自善意

要打贏這場仗！

戰爭是一種為了勝利而付出許多代價，且充滿野心的行動。

統一天下！

應重視外交。

應重視內政。

關鍵的一戰

即使如此，打仗也不完全是為了爭奪權力。

最根本的心境是將國家視為共同體，而想要歸屬於這個共同體便是其真正的目的。

有個跟信賴很相似的詞，叫做「**信用**」。信用建立在對方的擔保上，換句話說，這種相信對方的態度，會根據對方的狀態而改變。若對方採取了適當的行動，就相信他；若採取了不恰當的行動，就不相信他──這就叫做「信用」。**不管對方如何行動，都相信對方──若能做到這樣，就叫做信賴**。互相信賴才能幫助我們維持良好的人際關係，進而建立起美好的社會。

似是而非的「信賴」與「信用」

這是因為，銀行的借貸建立在銀行與顧客之間的「信用」關係上。

母親之所以能夠毫無根據地相信「兒子做得到」，是因為他們之間有著「信賴」關係。

「同理心」和「同情心」的差別是什麼？

我們可能會下意識地「同情」他人。
而同情與人人都該有的「同理心」有何不同？

「**同理**」是人際關係中最重要的感受。這裡的同理是指**關心「對方關心的事」**。也就是說，你和對方固然是不同的個體，但你會覺得自己彷彿就是那個人。「用對方的眼光去看，用對方的耳朵去聽，用對方的心去感受」。這種態度對建立良好人際關係極為重要。

關心「對方關心的事」

傳給B就有機會。

C有空檔。

關注對方正在關注什麼事。
拿到球的A正在想像：隊友B處在什麼情況下、有什麼想法。

「**同情**」看似跟同理差不多，實則不同。就「試圖了解對方的心情」這一點來看，同情似乎跟同理一樣，但其實，同情是建立在「我很穩定，而你不穩定」的前提下，代表彼此之間藏有「自己的地位比對方高，自己在安全區內」的關係。也就是說，同情他人的動機是為了確認自己的優越性。

同情是一種「確認自身優越性」的行為

A同學PK成功

B同學PK失敗

我懂你的心情。

A看似在溫柔地安慰B，但其實只是在同情B而已。

05 善於聆聽即善於交流

傾聽是相互信賴的有效手段。
只要注意傾聽的方式,就能贏得對方的信賴。

人們普遍認為,說話乃是溝通的本質,但事實並非如此。**「聆聽」才是助我們建立起阿德勒心理學之互相尊敬、互相信賴的有效做法**。如果你只專注於說話,自然就會忽略對方。成為一個好的傾聽者可說是實現互相尊敬的第一步。

「聽」比「說」更重要

昨天發生了這種事。

是喔!

為了互相尊敬,即使是日常的平凡對話,也要拿捏好聆聽和說話的平衡。

人只有一張嘴，卻有兩隻耳朵。因此我們也可以說，這就表示，**說話和聆聽的理想比例為1：2**。若能配合對方的節奏提問，關心對方的興趣並聆聽對方說話，那麼效果會更好。養成思考「自己說話的時間，占了多少比例？」的習慣，並注意自己的發言內容，就能提升溝通品質。

專心聆聽，配合對方進行對話

在A會議室裡，A部長顧著自說自話，而B會議室裡的B部長則專注於傾聽，不說多餘的話。

06 劃分「自己的課題」與「他人的課題」

明確劃分眼前的問題是自己的問題，
還是別人的問題，是非常重要的一件事。

你是否曾在別人的問題上，發現即使自己介入了也無濟於事，卻又冒出莫名的責任感，覺得「我必須做點什麼」，然後把自己搞得非常痛苦呢？或者，你曾為了自己的善意行動不被對方接受，而感到憤怒嗎？相反地，你是否曾想著「都是那個人的錯」，把自己該解決的問題推卸到別人身上？像這樣**分不清是誰的課題，就會造成額外的麻煩**。

不弄清楚是誰的課題會很辛苦

我是為你好才叫你念書的，你為什麼不懂?!

……！

孩子的課題
· 實際去念書

父母的課題
· 協助孩子學習

鼓勵孩子學習是父母的課題，但是當孩子不念書時，父母又會生氣。而這樣的行為，就是把彼此的課題混為一談。

不要將彼此的課題混為一談，只要做好自己的課題就好了。對方的課題就交給對方去做。

我們必須「**劃分課題**」，才能避免浪費時間。而問題就在於，**這是對方該解決的課題，還是自己該解決的課題**。判斷時，只要考慮到最終的利益或損失是由誰承擔的，就會知道是誰的課題了。以孩子的回家功課來說，最後的結果是由孩子來承擔的，而不是父母。由此可見，做功課是孩子的課題，而不是父母的。

劃清彼此的任務，不要越線

應該口渴了吧。

覺得馬口渴了，就把馬牽到水邊，但是⋯⋯。

帶馬去喝水是游牧人的課題。至於喝還是不喝水，則是馬的課題。

我不用喝水啦。

馬不想喝水。

一旦劃清課題的界線，就要做好心理準備，不要去干涉別人，也不要讓別人干涉自己。認真地避免越線，就能防止人際關係出問題。

07 劃分完彼此的課題後，再來製作共同課題

有辦法劃分課題後，就可以試著找出
共同的課題，藉此互相賦予勇氣。

學會如何劃分彼此的課題之後，接下來就可以透過製作「**共同課題**」來激發彼此的勇氣。假如是對方的課題，就由對方自主做決定，自己則站在支援的立場來提供協助。而出手幫忙前先與對方達成協議，也是非常重要的一件事。

打造共同課題，互相賦予勇氣

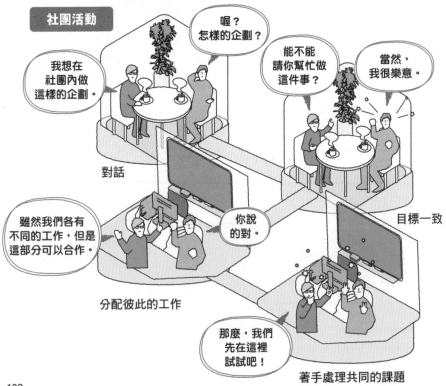

我們不該過度地將建立共同課題當成目標。以教育子女來說，當孩子想念的學校，跟父母希望他念的學校不一樣時，若父母誤以為自己和孩子的目標一致，就會導致孩子反抗父母，令親子關係惡化，導致孩子喪失勇氣。

製作共同課題時，應重視溝通、磨合

我想讀 A 學校。

他應該想讀 B 學校吧。

你想念哪所學校？

溝通、討論

有好好溝通，達成協議，才能算是「擁有共同課題」。

不溝通

沒有好好溝通，就容易產生分歧或誤會，這樣的狀態就不能算是「擁有共通課題」了。

避免「自以為是」，才能常保寬容心態

常保寬容心態對任何人來說，都是相當困難的一件事。
讓人無法寬以待人的「臆測」究竟是什麼？

「寬容」是建立良好人際關係的一大要素。只不過，「保持寬容心態」說起來簡單，實際執行起來卻相當困難。那麼，具體來說該怎麼做，才能保有寬容的心呢？首先，最重要的就是要知道，人際關係的背後隱藏的「**是非善惡判斷**」。

當心因人而異的「是非善惡判斷」

不要用好或壞來做判斷。

原來世界上有各式各樣的飲食文化啊。
這與我所知道的文化不同，
但我不應該把自己的常識強加於人。

104

阿德勒心理學認為所謂善與惡、對與錯或正義與邪惡，都是相對的感受。
實際上，那些基準會隨著時代或國家的改變，而走入歷史。比方說，近代的戰爭大多都是以正義之名發起的，但還是導致了許多人遇害。破壞人際關係並帶來種種不幸的，正是這種「認定自己的正義、善是絕對正確」的想法。

深信自己的正義感是正確的

政府和國民都覺得戰爭是有意義的。

失去許多珍貴的生命後，對戰爭的看法也不一樣了。

09 如何善加表達自己的看法

只要做錯一步，自己的主張就會毀了對方的好心情。
該怎麼發表意見，才是聰明的做法呢？

大多數的人際關係問題或煩惱，都是來自「傳達自己的要求，試圖影響對方的行動」的對話之中。若要**用更好的方式來表達自我主張**，就要冷靜且理性地表達想法，而不要感情用事。**重點是，在顧慮對方感受的同時，也要清楚表達出自己的要求**。

顧慮對方的同時，也要清楚表達要求

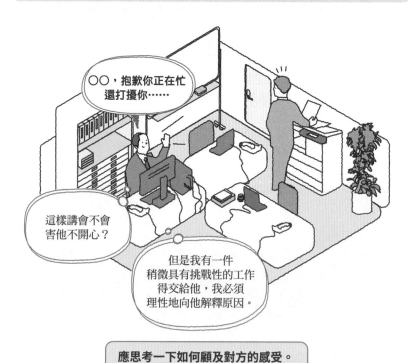

具體的做法是，要把客觀事實和主觀意見分開來傳達。比方說，「總是怎樣」或「幾乎都是怎樣」的內容，都只是個人的主觀意見而已，而不是客觀的事實。即便斷然地表達你的意見，講得好像這就是事實一樣，對方也不會被你說服。因此，**事先聲明「這只不過是我的看法和意見而已」是很重要的一件事**。

不要把主觀的意見當作客觀的事實來斷言

● 即使傳達相同的內容，也不可以用武斷、高壓的口氣來表達。意見就該作為意見來傳達，而傳達時也要尊重對方的決定。

● 另一項重點是要用請求語氣來溝通，藉此認同對方的權利，並對「影響到對方」這件事負起責任。另外，不要過度執著於自己的主張也很重要。

10 正確的負責方式

負起責任並不是簡單地接受懲罰就結束了。
那麼，怎樣才是正確的負責方式？

在社會規範允許的範圍內，人人都有自由生活的權利。這項權利不應該因人而異。**既然擁有權利，就意味著必須承擔責任**。比方說，在古老的日本傳統中，切腹自殺就是一種對失敗的懲罰方式。然而，這種「只是懲罰給別人看」的做法，在現代可說是毫無建設性的解決方式，而且也不是正確的**負責方式**。

自由生活所帶來的責任

江戶時代以前

在當時，切腹是有意義的行為。
但在現代，「單純受罰」並不是正確的負責方式。

關於如何負起責任，共有3個重點※，那就是①**恢復原狀，**②**防止再度發生，**③**道歉**。首先必須努力修復失敗所帶來的變化。接下來應思考，該怎麼做才能防止失敗重演。最後應該向在這次失敗中受到傷害的人們致歉，以撫慰他們的情緒。這樣才是正確的負責方式。

負起責任時的3個重點

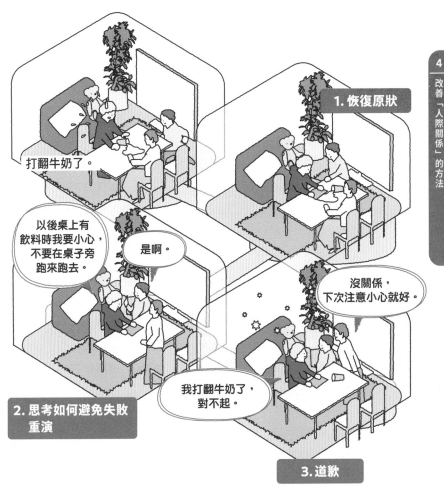

※引用自：《アドラー心理学を語る3劣等感と人間関係（暫譯：暢談阿德勒心理學3：自卑感與人際關係》（野田俊作／創元社／147～152頁）

阿德勒的生平④

為了工作 壓縮睡眠時間、 奔走於世界各地

　　不管是作為一名醫生，還是作為一名心理學家，阿德勒的幽默感和善良個性，都吸引了很多人。他是典型的工作狂，即使壓縮到睡眠時間也要工作。

　　阿德勒時常飛往世界各地進行演說和諮商，鮮少待在家裡，直到過世前都還過著天天住飯店，被工作追著跑的生活。阿德勒60幾歲時，據稱是美國當時收入最高的演說家，相當有人氣，大家都搶著聽他的演講。持續提供診療、諮商的同時，他也積極參加演講與餐會，因此阿德勒的行程總是排得滿滿。此外，阿德勒「不一定會收取諮詢費用」的事蹟也相當有名。雖然他的演講和授課的收入足以讓他每天搭乘由專人司機駕駛的高級房車移動，但他認為錢財夠用就好，因此不會試圖獲取多餘的財富。他不會執著於收取諮詢費用，據說他還會免費替窮人進行心理輔導。

☑ KEY WORD

橫向視角

「縱向視角」的相反。「做得好」、「很厲害喔」等字眼都會助長縱向關係，即使是用來稱讚對方也一樣。只要把橫向關係放在心上，就能大幅降低憤怒、焦慮、抑鬱等負面情緒的出現機會。

☑ KEY WORD

信賴

信賴是指，無論對方做什麼，你都願意相信對方。人的任何行動背後都潛藏著善意。好比復仇和權力鬥爭，其實也是尋求「對團體的歸屬感」的手段之一而已。先從相信對方開始做起吧。

☑ KEY WORD

同理

這不是指「理解對方的感受或心情」，而是指「關心對方所關心的事」。我們應以「對等的同伴」的身分，去關心對方所處的狀態，以及對方的想法、意圖和感興趣的事。重要的是，要觀察對方想做什麼，並且理解對方的生活方式。

☑ KEY WORD

劃分課題

思考問題本身究竟是「對方該解決的課題」還是「自己該解決的課題」，並劃分清楚。重點在於，劃清界線後，雙方就不該踏進對方的領域。謹記不越線的原則，就能避免人際關係出問題。

☑ KEY WORD

共同課題

指劃分課題後，再與他人共享課題。共同面對課題，將有助於激發彼此的勇氣。先仔細聆聽對方怎麼說，推測對方以什麼為目標，然後互相磨合，統一目標，最後再討論工作分配，設定共同的課題。

讓人在「工作」上
採取有效率行動的方法

讓工作順利進行的關鍵，就在於職場上的合作與溝通。工作上的煩惱因人而異，有些人遇到會情緒化罵人的上司，有些人則遇到不斷出包的部下。在本章中，我將為各位說明如何用溝通來賦予勇氣、維繫良好人際關係，以及溝通上的重點。

01 建立良好人際關係的祕訣 在於保持適當的距離

人與人的距離太近，就會有「咄咄逼人」的感覺，
太遠則會有「迴避」的問題。

許多人在職場上的煩惱，都是來自人際關係。大多數的人都認為，自己不善於職場上的溝通。**善於溝通和不善於溝通的人，差別就在懂不懂得拿捏「距離感」**。距離感抓得太近，就會變成「咄咄逼人」或「多管閒事」的對話。反之，如果距離感抓得太遠，則會變成「放任」或「迴避」對方。

「距離感」不能太近，也不能太遠

114

Communication（溝通）一詞源自拉丁文的「communicatio」，意為「互相分享」。假如用太隨便的態度對待身邊的人，或是顧慮太多，變成放任或迴避，就會偏離溝通的本意，也就是「互相分享」。最重要的就是**拿捏好溝通時的距離感，既不要「太近」，也不要「太遠」**。

在適度距離感下進行溝通

要這樣做！

上司

部下

同事

上司

客戶

部下

重點是要與同事、上司、部下、客戶都保持適度的距離感！

02

沒用的不是「人」，而是不具建設性的「行為」

不可以懲罰人。
重要的是，要把「人」和「行為」分開來思考。

我們往往將一個人的性格和他們的行為混為一談。因為我們都有「那個人之所以做壞事，是因為他是壞人」的想法。對此，阿德勒心理學認為，**人（行為者）的人格和行為是兩回事**。為了在職場上順利溝通，我們必須意識到，犯錯的人不是沒用，而只是做了非建設性的行為或失敗了而已。

將「人」和「行為」分開來看

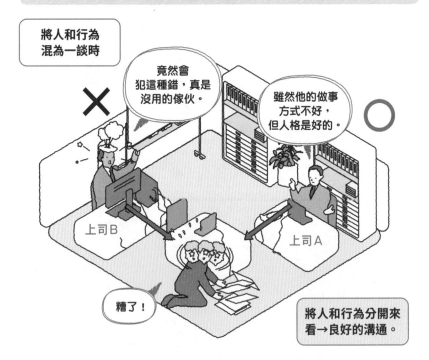

將人和行為混為一談時

竟然會犯這種錯，真是沒用的傢伙。

雖然他的做事方式不好，但人格是好的。

上司B

上司A

糟了！

將人和行為分開來看→良好的溝通。

在職場上的交流中，「被指摘」並不代表「被攻擊」。然而，有時候被人指出錯誤時，也會產生「人格好像被人攻擊了」的感覺。若有這種感覺，就代表自己**沒有區分清楚那是針對行為，還是針對人的指摘**。還有，當因為觀點與別人不同而感到恐懼時也是如此。因為你把「人格」和說出不同意見的「行為」混為一談，以為否定了行為，就等於人格也遭到否定。

指摘不等於攻擊

這邊做錯囉。

那樣做好嗎？

是○○啦！

同事

上司

客戶

大家都在攻擊我。

把指摘和攻擊混為一談。

原來是這邊錯了！

你這邊做錯了喔。

部下

上司

指摘並不是攻擊。

117

03

不必去批判、懲罰對方。改變自己才具建設性

批判或懲罰對方，並不算是有建設性的行為。
與其這麼做，不如先改變自己。

阿德勒心理學認為，「試圖操控、改變對方」是非建設性行動，「改變自己」才是有建設性的做法。一旦將對方評定為「下位、劣勢、敗方、錯的」，並試圖改變對方，就無法進行良好的溝通了。良好溝通的關鍵在於**改變你能改變的人，也就是自己**，而不是試圖改變你無法改變的人。

試圖改變對方是非建設性行為

想要改變對方，也就是想要評判對方。一見到對方犯了錯，就想要下「判決」、「懲罰」對方。這是一種會破壞彼此信賴關係的非建設性做法。職場上常見的**批判、懲罰他人的行為，都需要立即停止**。我們應該把時間花在有建設性的事情上，好比解決客戶的問題，或是提升客戶的滿意度。

04 不是靠情緒，而是靠理性與對談來驅動他人

「試圖用情緒來驅動他人」並不是一個好的做法。
問題應透過理性和溝通來解決。

有些人大概有這種經驗：不小心感情用事，「下意識地」對別人大吼。阿德勒心理學稱之為「**表面因果關係**」。其中的概念是：此時其實不是「在情緒的驅使下無意識地大吼」，而是「希望對方按照我的想法去做」，**出於這個「目的」，而自行製造出情緒，並當成工具來使用。**

為達成目的而製造出情緒

表面因果關係

怎麼會做錯！

傻眼！

剛剛火氣一上來，忍不住就大吼了。

利用情緒來操控他人的行動！

太霸道了吧……

120

我們會製造情緒，試圖以此驅動他人，但這是一種惡霸且自私的行為。利用情緒驅動對方，只會令對方感到困擾，導致後續無法進行良好溝通。阿德勒曾說：「利用情緒來驅動他人，是小孩子在做的事。**既然是大人了，就應該用理性和對談來解決問題**。」這就是良好溝通的祕訣。

以理性與對談來解決問題，而非情緒

05 要有承認不完美的勇氣，不要害怕失敗、指責失敗

失敗是使人成長的契機。
人要有勇氣，不要害怕失敗或責怪失敗。

很多人認為太常失敗是不好的，應該要盡量避免失敗。但是，我們也可以將失敗當作一次寶貴的經驗。沒有失敗，就沒有成功。失敗不是該被消除，或該感到可恥的東西，反而能幫助人們成長。而這種**「換個角度看待事物，賦予其不同的意義」的行為，就叫做「重新框架」**。

從不同角度看問題，賦予新的意義

122

人總是在責備他人的失敗，這是因為，我們的心中有個錯誤的前提，叫做「人必須是完美的」。世上沒有完美的人。儘管如此，人們還是期望別人做到完美。這是多麼愚蠢的想法啊。其實重要的是，不管對自己或對別人，都要「**具有承認不完美的勇氣**」。當你學會原諒別人的失敗時，溝通就會獲得極大的改善。

原諒失敗，連溝通都能獲得改善

06

注意對方想説的事，
而不是自己想知道的事

培養互相尊敬、互相信賴的關鍵在於聆聽對方說話。
把焦點從自己轉移到對方身上吧。

傾聽對方說話有助於建立互相尊敬、互相信賴的關係。認真聽對方說話，
對方就會感受到你對他的尊敬。許多優秀的銷售員都**不是問「自己想知道
的事」**，**而是試著問出「對方想説的話」，並努力地去了解對方。**而重點就
在於，關心**對方所關心的事**，而不是關心自己感興趣的事。

認真聽對方說話

喔～
原來是這樣啊。

請告訴我
××。

○○
如何呢？

○○是○○，
然後××喔。

不、那個……

 只想聽自己
想聽的事。

 引導對方説出想説的話，
並認真聆聽。

想深入挖掘對方的想法，就要把重點放在提問方式上。此時該注意的是：不要問特定的問題，而是要**問一些模糊的問題，尤其是在剛開始聊的時候**。特定的問題就是指「封閉式問題」。提出封閉式問題，代表對方只能回答「是」或「否」就結束了。這樣是無法延續對話的。相反地，開放式問題則會讓對話內容變得更豐富。

開放式問題和封閉式問題的差異

運用5W（When、Where、Who、Why、What）1H（How）問出「yes／no」以外的答案。

07 人當然不會懂 別人的心情！

自認為「了解」對方的心情，其實是大錯特錯。
阿德勒會為大家說明「同理心」是何種狀態。

要明白，人不可能知道對方真正的心情。這是相當重要的一件事。「**知道自己不可能明白**」是敬重對方的表現。別人的痛苦或悲傷，只有他自己明白。有時候，用自己的觀點來衡量事情，然後向對方說「我懂」，那反而會造成反效果。

要知道自己不可能明白

同情

你怎麼可能會懂。

我懂你的心情喔。

同理

謝謝你的關心。

你應該很難過吧。

要知道「自己不可能懂對方的心情」。

阿德勒指出：「**所謂的同理心，是用對方的眼去看，用對方的耳去聽，用對方的心去感受**。」即使覺得對方的經歷跟自己過去的經歷很相似，也不要說出口，通常這麼做才是尊重對方的做法。欲建立互相尊敬、互相信賴的關係時，保持一點距離，尊重對方的個人空間乃是非常重要的。

如何發揮同理心

08

試著添加一兩句「緩衝語句」吧

使用溫和的詞語，對方就不會感到不舒服。
請使用委婉的說法來進行對話，例如疑問句等。

我們在安排會議時，通常都會說：「明天來開個會吧。」但是，只要換個說法，例如：「不好意思，明天方便開個會嗎？」就能帶給人較柔和的印象。這種語句就叫做「**緩衝語句**」。透過問句來表達「我不是想命令你」，讓對方有選擇空間，並尊重對方的主體性。

「問句」是基本的緩衝語句之一

緩衝語句可以將人與人的距離感調整至適當範圍內。雖然用字遣詞得視對方是外部客戶，還是內部同事而定，但基本上，還是要**加個一兩句話，並改成疑問句**比較好，例如加一句「不好意思」、「麻煩你」或「給你添麻煩了」。另外，避免下結論也有助於委婉傳達訊息，例如：「也許是～」、「也有～的方法」。

增添一些緩衝語句

09 朝著對方的感覺器官發送訊息

有時候，溝通被比喻成傳接球。
傳球前，先看看對方的手套有沒有打開吧。

溝通就像傳接球。在對方還沒戴上手套之前，不可以突然用力傳球。換句話說，單方面地拋出對方不感興趣的話題，是無法讓對方聽進去的。在溝通術語中，還沒準備好聽別人說話的人，就叫做「**感覺器官（接收器）還沒打開的人**」；讓對方進入傾聽狀態則叫做「**讓對方開啟感覺器官**」。

溝通就像傳接球

溝通就跟傳接球一樣，因此，我們必須把球拋到對方容易接到的高度。先選一個對方比較感興趣或在意的話題，讓對方把手套戴好，也就是感覺器官打開後，再以對方容易理解的方式談論此事。這是建立互相尊敬、互相信賴的必要條件。為此，我們應**放下自己的標準，不要使用對方聽不懂的專業術語**。

捨棄自我標準，用易於理解的方式講話

10 避免使用「you-message」，改用「I／we-message」

任何訊息都有主語。
重點在於，講話時要注意訊息中的主語是誰。

當你注意到部下或朋友做出不當的行動時，卻因為**不想打擊他們的勇氣，而不願提醒對方，那就有問題了**。雖說如此，假如你激動地責備對方，那麼對方也會有所反抗。遇到下列三種情況時，你應該保持理性並多加注意。第一種：你希望對方改掉你不樂見的行動或習慣。第二種：希望對方有所成長。第三種：希望對方找回挑戰精神。

提醒對方時應注意的三種情況※

①希望對方改掉你不樂見的行動或習慣時

整理乾淨的話，工作起來會更容易喔。

②期盼對方成長時

再加把勁吧。之後會更順利的。

你可以試著這樣想。

③希望對方找回挑戰精神時

遇到這三種狀況時，應多加注意。

※引用自：《悩みが消える「勇気」の心理学 アドラー超入門（暫譯：解開煩惱的「勇氣」心理學：阿德勒超入門）》（作者：永藤かおる，監修：岩井俊憲／Discover 21／134～137頁）

如何鼓勵對方改變行動，同時又能避免洩對方的氣呢？要領就在於**使用「I-message」來傳達訊息**，而不是「you-message」。「you-message」是以「你」為主語的表達方式。避免使用這種自以為是的表達方式，改以主語為「我」的「I-message」來溝通，才能消除「希望對方服從自己」的意圖。若能進一步擴展主語，配合使用「we-message」，效果會更好。

使用 I-message 和 we-message

One point　鼓勵對方叫做「賦予勇氣」。話語使對方感到受挫，則叫做「磨滅勇氣」。

想表達「大家都是這麼想」時，應多加小心，以免形成同儕壓力。

11 學習正確、不會傷到對方的拒絕方式

有時，你會收到你不感興趣的邀約。
此時該怎麼做，才能不失禮貌地好好拒絕對方呢？

既然在公司工作，就一定會遇到「不得不依照上司的指示，來處理自己的任務」的情況。但是，除了那些必須接受的情況之外，你應該要盡量**排除「服從」的選項**。為此，你必須盡量防止別人來干涉自己的課題，若對方踏入你的領域，你就要堅決說「不」，並承擔起完成任務的責任。

毅然決然說「No」，不要選擇服從

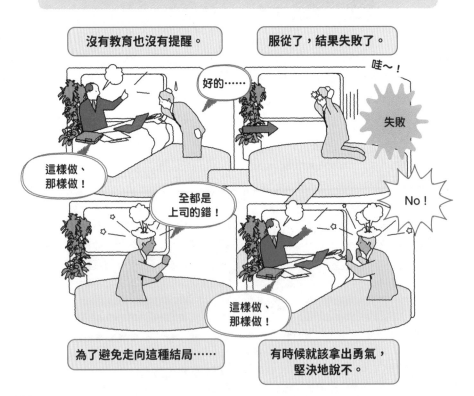

無法堅決說不，是因為不懂得如何拒絕。光說「No」的話，就顯得有點不親切，因此只要在「No」後面加上「**Thank you、But、No, thank you.（不，謝謝。感謝您的關心。）**」就行了。也沒必要為了找理由拒絕而撒謊。另外，說這些話時，請不要露出一副「我很抱歉」的樣子。用明快的態度去講，聽起來才不會刺耳。

「But、No, thank you.」的使用方式

走吧，去喝一杯！

其實我不想去。

好的。

不失禮的拒絕方式＝Thank you、But、No, thank you.

這樣啊……

謝謝你邀我。但是，我家人在等我回去，所以我得回家了！

※開朗、直爽地說出口就對了

要去應酬，還是要陪家人，那是「你」的課題。
被拒絕後要怎麼做反應，那是「邀約者」的課題。

阿德勒的生平⑤

雖有研究夥伴，卻因為意見相左而決裂

　　佛洛伊德和阿德勒現在分別被視為深層心理學的三大巨頭之一。他們生前各自提倡著完全相反的理論，看起來就像對立的死對頭。但其實，他們原本是研究夥伴，而且佛洛伊德也非常讚賞阿德勒的想法。

　　現在，《夢的解析》已成為佛洛伊德的代表作，但在當時，世人對這本書的評價並不好。而那時，特別讚賞此書，並為此書撰寫書評的人，正是阿德勒。佛洛伊德注意到該書評後，便邀請阿德勒加入精神分析學會，為兩人開啟了交流的大門。

　　然而後來，兩人的想法出現分歧，導致了阿德勒退出維也納精神分析學會。由於他倆曾在同一個學會中學習，因此人們往往以為阿德勒是佛洛伊德的學生，但阿德勒本人曾在他的著作《尋找生命的意義》中明確記載：「我從未參加過佛洛伊德的課堂。」雖說如此，佛洛伊德對阿德勒的影響應該也不算小。

☑ KEY WORD
緩衝語句

可以帶給對方柔和印象的語句。加一句「不好意思，想請您……」就可以為對方保留選擇空間，尊重對方的主體性。緩衝語句能夠幫助彼此維持適當的距離感。

☑ KEY WORD
感覺器官

感覺器官又稱為接收器。感覺器官開啟即代表「已準備好聆聽」。單方面地拋出對方不感興趣的話題，只會被當成耳邊風，這就是因為對方尚未開啟接收器。要領在於：先選擇對方容易感興趣的話題，讓對方開啟接收器，再用對方容易理解的方式來進行交談。

☑ KEY WORD
I-message

指主詞是「我」的訊息。比方說，「你來幫我，我很高興」等表達心情的訊息，即屬於此。這畢竟只是主觀的意見，所以不該妄下結論。讓對方有選擇空間，才能提升對方的接受度。

☑ KEY WORD
you-message

指主詞是「你」的訊息，例如：「你很優秀、你很棒。」you-message的特徵就是，雖然是在讚美對方，卻顯得自己高高在上。無論如何，這種形式的發言聽起來都具有評斷性，因此可能會令對方產生反感。

☑ KEY WORD
we-message

將I-message的主詞拓展至「我們」，例如：「你的努力幫了大家一個大忙。」這種意識到共同體的訊息，就叫we-message。雖然比I-message更有效，但還須多加小心，以免形成同儕壓力。

如何建立健全的「家庭環境」

我們成長的家庭環境對我們的人格形成有很大的影響。父母的教誨、
兄弟姊妹之間的關係究竟為我們帶來了哪些影響？而孩子們期盼的家
庭環境又是如何呢？這些，阿德勒都會告訴我們。

01 生活型態（性格）是由3個要素所構成

這裡不是指日常對話中常說的「生活型態」。
在阿德勒心理學中指的是「性格」。

當你聽到「生活型態」這個詞時，你可能會聯想到工作風格、家庭、興趣等的生活方式。但「生活型態」在阿德勒心理學中，卻有不同於一般的解釋。在此，是指性格或信念（請參考P.84）。阿德勒心理學的生活型態是由3個要素構成。第一個是**自我概念**。這是指「人對自我現狀的信念」，也就是「我是●●」的想法。

對現狀和理想的信念

① 自我概念

對「現在的自己」的信念。如果一個優秀的人抱有消極的自我概念，如「我工作都做不好」，那麼，他就會對自己沒信心。

我喜歡工作！

我不擅長工作……

在阿德勒心理學中，「生活型態」的概念跟「性格」很相近，但又包含了信念等要素。生活型態不同，對自己的評價、與他人的關係也都會隨之改變。就某種意義來說，就是一個生活方式的公式。

第二個是世界觀。這是指「人對自我身處的世界所抱持的信念」，也就是「這個世界（世人）是●●」的想法。第三個是自我理想。這是從自我概念和世界觀中導出的結論，也就是「因此我必須●●」或「因此其他人都應該●●」的想法。也就是說，自我概念和世界觀是你對現狀的信念，自我理想則是你對理想的信念。

自己的世界、自己對世界抱持的信念

② 世界觀

你對「身處的世界」和「世人」所抱持的信念。假如抱有「世間只有壞人」的世界觀，就無法與其他人締結信賴關係。

我的同伴都是好人。

大家都排擠我。

周圍都是我的敵人。

我要和大家合作。

GOAL!!

③自我理想

自我概念和世界觀是你所相信的現狀，自我理想則是你從自我概念和世界觀中導出的結論，即「我應該要●●」或「希望是●●」。假如你的自我理想是「我們應該同心協力」，你就會致力於與人締結更深厚的同伴關係。

02 「家庭」深深影響著生活型態的形成

生活型態是由天生的條件和成長環境塑造而成，
但最終如何還是得由自己選擇。

生活型態因人而異。那麼，一個人特有的生活型態又是如何形成的呢？生活型態是在**3種影響**下形成的。第一種是「身體的影響」，好比父母的遺傳或自身的身體障礙。另外兩種影響則來自生長環境。分別是「文化」和「家庭系統排列」。

來自身體、文化和家庭的影響

生活型態在3種影響下逐漸形成。
這當中也有一些無法自己選擇的要素。

我感到很自卑，
因為我跟我的
父母一樣矮……

① 身體的影響

自父母遺傳而來的身體等條件會影響
生活型態。

「文化」是指生長國家、地區、社會等群體的價值觀所帶來的影響。「家庭系統排列」是個陌生的名詞，指的是家庭組成、家庭價值觀、家庭氣氛等。兄弟姊妹之間的能力對比也會帶來影響。生活型態就是在身體、文化、家庭等要素的影響下逐漸形成的，**但是要記住，最終的選擇權還是在自己身上**。

② 文化

國家或地區群體特有的文化，
也會影響生活型態。

生長在寧靜的鄉村裡，因此養成了低調的個性。

③ 家庭系統排列

家庭組成、父母的價值觀、家庭氣氛、手足之間的能力優劣等，都會影響到生活型態。

03 手足之間的關係 比親子關係更具影響力

年幼時，和兄弟姊妹爭吵是稀鬆平常的事。
小孩會從這些經驗中學習，並逐漸社會化。

正如同上一頁所說的，**家庭系統排列**會為生活型態帶來極大的影響。家庭組成包含親子、祖孫、兄弟姊妹等，而這當中最具影響力的就是兄弟姊妹之間的關係。手足之間往往會互相競爭。這是因為，**父母會下意識地鼓勵子女們競爭，而同時，子女之間也會為了爭奪父母的愛而競爭**。

兄弟姊妹為了贏得父母的愛而競爭

當父母對孩子有所期待，拿子女們進行比較時，就會引發兄弟姊妹之間的競爭。另外，孩子往往會忌妒比自己受到更多關愛的兄弟姊妹。

兄弟姊妹往往會有不同的專長。例如，老大喜歡棒球的話，老二就不會喜歡棒球，而是喜歡足球或其他運動，或是往學術、藝術等領域發展。這是因為，老二不會跟老大在同一個領域中爭高下，但他想顯示，自己在其他領域中比老大優秀。**這些家庭中的人際關係（包括競爭）能讓小孩學習社會的運作方式，並塑造出自己的生活型態。**

試圖在別的領域中展現自己的本領

即使兄弟姊妹之間具有競爭關係，往往也會發展出不同的專長。例如：哥哥擅長念書的話，弟弟就會選擇運動；姊姊擅長音樂的話，妹妹就會選擇畫畫。各自在不同領域中努力，為的就是向父母展示「自己比其他兄弟姊妹更優秀」。

04 孩子會依照父母對待自己的方式來決定要扮演的角色

父母替孩子貼上標籤，
孩子就會根據那張標籤來評定自己。

上一頁解釋了兄弟姊妹之間的競爭關係，而其實，競爭關係的根源是來自父母的期待或父母的愛。**父母對待子女的方式**也會深深影響孩子的生活型態。孩子會觀察父母如何對待自己，然後以此為根據來對自己做出一番評定。假如父母替孩子貼上「任性」的標籤，那麼孩子也會替自己貼上那張標籤。

父母貼的標籤將會給孩子帶來極大影響

孩子看到父母對待自己的方式之後，自己也會跟著認定「我就是這種小孩」。父母貼的標籤會深深影響孩子。

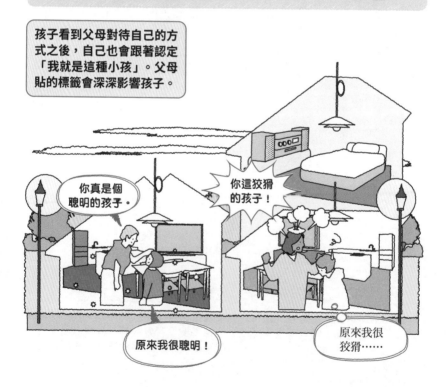

父母替孩子貼上「很溫柔」、「很努力」之類的正面標籤，也不見得完全都能帶來好的影響。有時候，孩子為了滿足父母和其他大人的期待，會付出過多的回饋。由於孩子很單純，所以可能會害他們以為「要是我無法達成對方的期望，就會被討厭」。**要知道，父母的期望可能會帶來反效果。**

為了達成父母的期望而努力過頭

我必須當個更好的孩子……

謝謝你的幫忙，你真是好孩子。

不用做到那種程度啦。

我得努力……

小孩很單純，他們往往會以為「無法達成父母的期許，就會被父母拋棄」。因此，他們可能會勉強自己去回應父母的期待。

05 教育的4大重要法則是什麼？

有一種教育理念是遵循著阿德勒心理學的思想。
在該教育理念中，有4個重要的法則。

阿德勒心理學有一套特有的教育理念。阿德勒心理學指出，在孩子的養育上有**4個重要的法則**※。第1個法則是「 **尊敬** 」。尊敬看似有上下關係，但是在阿德勒心理學中，**作為人，不管是大人還是小孩，人人都是平等的。父母也應該用尊敬的態度來對待孩子。**

父母應該用什麼態度來教育孩子？

做完家事前不可以去玩。

第1個法則：尊敬
尊敬這個詞往往會讓人聯想到上下關係，但這裡指的是，人是對等的，應互相尊重對方的行動。既然是生而為人，那麼親子也是對等的。

第2個法則：責任
阿德勒心理學中的責任也可以稱為工作。父母應該教育孩子學習負責，不要逃避課題，而是要把該做的事做完。

※ 這個詞由野田俊作提出。其原文為「4つのS」。
　引用自：《アドラー心理学を語る4 勇気づけの方法（暫譯：暢談阿德勒心理學4：賦予勇氣
　的方法）》（野田俊作／創元社／ 151 ～ 181 頁）

第2個法則是「**責任**」。阿德勒心理學中的責任指的是「有自己該做的事」，因此，大人應該教育孩子培養這種責任感。第3個法則是「**社交能力**」。這是指，在社會中提出自己的要求時，該如何與他人的要求調和，才不會傷到對方。第4個法則是「**生活能力**」。思索教育如何為現實生活帶來幫助，好比具備學習、閱讀和書寫的能力，才能生活在社會中。

生活中必備的4個法則

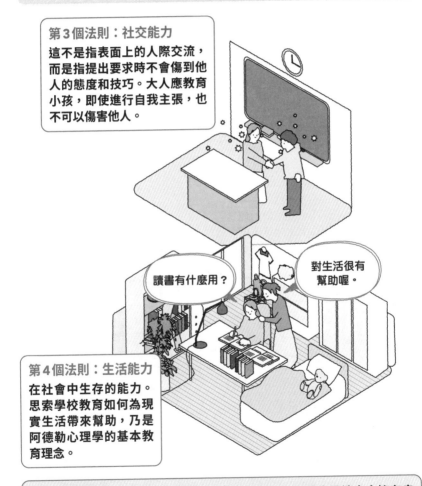

第3個法則：社交能力
這不是指表面上的人際交流，而是指提出要求時不會傷到他人的態度和技巧。大人應教育小孩，即使進行自我主張，也不可以傷害他人。

讀書有什麼用？

對生活很有幫助喔。

第4個法則：生活能力
在社會中生存的能力。思索學校教育如何為現實生活帶來幫助，乃是阿德勒心理學的基本教育理念。

4個法則是培養具有健康人格的兒童的必備理念，同時也是讓大人擁有幸福生活的關鍵。

06

出生順序不同，
性格也大不相同

出生順序決定了一個人在兄弟姊妹中的位置，
進而影響到其性格傾向。

在前幾頁中，我已經解釋了**手足之間的人際關係**如何對生活型態產生重大影響。除此之外，**出生順序也會深深影響性格的傾向**。比方說，第一個孩子往往有「想當第一名」、「想獲得關注」、「自尊心較高」之類的特徵。第二個孩子不只會追隨老大的腳步，試圖超越老大，往往還會在老大成功時喪失自信。

出生順序決定了性格的傾向

即使是來自同一個家庭的兄弟姊妹，也會因為出生順序不同而有不同的性格。而獨生子女也有獨特的性格傾向。

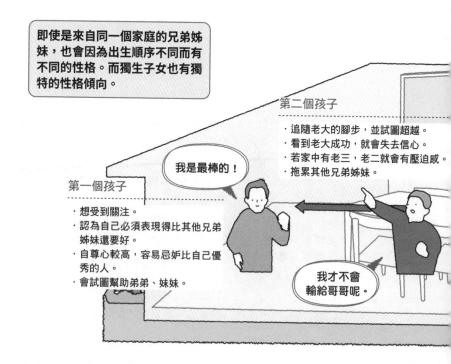

第二個孩子

・追隨老大的腳步，並試圖超越。
・看到老大成功，就會失去信心。
・若家中有老三，老二就會有壓迫感。
・拖累其他兄弟姊妹。

我是最棒的！

第一個孩子

・想受到關注。
・認為自己必須表現得比其他兄弟姊妹還要好。
・自尊心較高，容易忌妒比自己優秀的人。
・會試圖幫助弟弟、妹妹。

我才不會輸給哥哥呢。

夾在中間的孩子傾向於自己開拓自己的人生，且往往會感到「不公平」或「沒人愛我」。最小的孩子往往會表現得像個嬰兒，期待別人來幫助自己。獨生子女往往會被寵壞，形成自我中心、我行我素的性格。**這雖然不適用於每個孩子，但還是可以供參考，協助我們了解孩子的性格傾向。**

獨生子女
・愛撒嬌。
・獲得關注，覺得自己很特別。
・自我中心、我行我素。
・如果不能做自己想做的事，就會感到不公平。
・有創造力。

我要按照自己的想法來做。

中間的孩子
・感到「不公平」、「不被愛」。
・覺得被夾在中間，動彈不得。
・覺得家裡沒有自己的容身之處。
・在與兄姊或弟妹交流的過程中，學會了溝通的技巧。

對上、對下都會有所顧慮。

我是大王！

最小的孩子
・覺得自己的能力比別人好。
・喜歡尋求他人的協助，家裡的大王。
・表現得像個嬰兒一樣。
・和長男或長女聯手對抗中間的孩子。

07

出生順序不同，行為模式也大不相同

兄弟姊妹之間的關係，
會影響一個人的行為模式。

上一篇已解釋過兄弟姊妹的出生順序與性格傾向的關係。本篇要介紹的不是性格，而是**家中排行如何影響行為模式**。弟弟或妹妹出生後，第一個孩子往往會感到親情被剝奪，並試圖引起父母的注意。另外，他們也會對弟妹們展現領導者的一面。

兄弟姊妹特有的性格會顯現在行為模式上

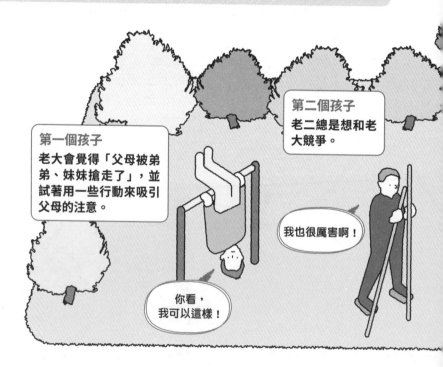

第二個孩子的性格往往跟老大相反，他們很常做出挑戰老大的行動。中間的孩子因為無法獨占父母的關愛，所以會擔憂自己的處境，甚至出現攻擊性。但在另一方面，他們的社交、溝通能力會比其他孩子來得好。最小的孩子往往最受寵，但他們的言行往往不被重視。獨生子女容易受到父母的影響。由於他們沒有年紀相仿的兄弟姊妹，所以大多都不擅長處理人際關係問題。

08 家庭環境對於性格形成的影響

家庭組成也會為孩子的生活型態帶來極大影響。
好比家中的人數、兄弟姊妹的性別等。

世上有**各式各樣的家庭環境**。而且，家庭環境會深深影響孩子的生活型態。比方說，在大家庭中，假如兄弟姊妹的年紀相差太大，就會分裂成多個團體，或是出現被當成獨生子女般看待的孩子。有些年長的哥哥、姊姊甚至會像父母般照顧年幼的弟妹。

大家庭、男生或女生占多數等環境帶來的影響

大家庭可能會形成多個團體。假如兄弟姊妹年紀相差太多，年長的子女就會扮演起父母般的角色，或者，老么可能會過著獨生子女般的生活。這些因素都會影響到性格的形成。

對弟弟、妹妹來說，我就像他們的母親一樣。

因為孩子們的年紀差太多，所以老么就像獨生子。

若兄弟姊妹之中有個體弱多病，或是比較特別的孩子，那麼，當父母把注意力放在那個孩子身上時，其他兄弟姊妹就會開始反彈。另外，假如兄弟姊妹之中有不幸夭折的孩子，父母就會將這個孩子過度理想化，或是過度保護其他孩子。**兄弟姊妹的性別也很重要**。在男人堆裡長大的女孩，也許會比較男性化；在女人堆裡長大的男孩，也許會比較女性化。

早逝的孩子容易被理想化，但其他兄弟姊妹卻無法與他競爭，因此無從獲得結果。另外，父母過度保護剩下的孩子，也會影響到孩子的人格發展。

那孩子就像天使一樣溫柔。

怎樣都贏不了他啊……

有些女孩在男人堆裡長大。家人可能會過度期待那個女孩表現得像個「女性」，讓她變得像個公主似的。至於在女人堆裡長大的男孩，往往會像個少爺。

09 為了建立心靈富足的家庭，你可以做什麼？

為了家人著想，該怎麼做才能
營造出「良好的家庭氣氛」？

目前已知，家庭的種種因素都會影響孩子的生活型態。而家庭內往往會建立起上下關係。然而，這很容易引發衝突並產生負面影響。為了建立一個更好的家庭環境，我們應努力與家人建立開放且互相尊敬的關係。**而首先，自己必須擁有一顆「樂觀看待所有事物、熱情接納家人」的心。**

營造良好的家庭氣氛

星期天要
去哪玩？

去遊樂園
如何？

那天好像會下雨。
要不要在室內
看電影？

理想的家庭是開放、樂觀，且互相尊敬的。決定事
情時，大家都能平等、理性地討論。

當家中有人做了什麼事的時候，家人**應重視那個人採取的態度，而不是最後的結果**，這樣才是理想的家庭環境。只要對方盡力了，即使以失敗收場，也不必責怪對方。當家庭內需要做什麼決定時，也要以民主的方式進行溝通。溝通時不能感情用事，要理性地討論。然後，做事的時候要互相幫助。當家人遇到困難時，也要給予鼓勵。

10

為了建立心靈富足的家庭，你不該做什麼？

如果是封閉、悲觀、不互相尊重的家庭環境，
就很難建立心靈富足的家庭。

既然有能夠豐富人生的理想家庭環境，那麼當然也有無法為人生加分、**不理想的家庭環境**。封閉、氣氛差的家庭關係就屬於其中一種。而最糟糕的就是家人互不交談、悲觀、不尊重彼此的環境。在這樣的關係中，**人很容易根據結果來評量別人的行動，而不承認對方在過程中付出的努力**。

在氣氛不好的家庭中，很難過上豐富的人生

不進行溝通、商量的家庭絕非理想。做決定時，有權力的人就會像獨裁者那樣擅自定奪。

你們以為錢是誰賺的！閉嘴照做就對了！

如果讓家中握有權力的人決定事情，那麼其他人就只能服從了。若未經過理性討論，就憑著感覺去執行的話，那麼家人之間就會**互相競爭、無法互助，甚至互扯後腿**。如此一來就會導致心靈受傷。反之，過度保護或過度干涉同樣對家庭無益，應重視P.156～157中介紹的**正確的賦予勇氣觀點**。

考這麼爛，不覺得慚愧嗎！

見到有人在挑戰事物時，只重視結果是好是壞，對努力的態度卻不予以讚賞。

爸爸都幫你做好囉。

若給予孩子太多援助，變成過度保護或過度干涉，那麼這種家庭也稱不上理想。這樣可能會害孩子變成不負責任的人。

阿德勒的生平⑥

不只影響了世人，還深深影響了自己的女兒們

　　某次演講的前一天，住在飯店裡的阿德勒，在早晨散步的途中心臟病發。他被送上救護車後，依然回天乏術。阿德勒驟逝的消息傳遍全球，令許多人悲痛不已。

　　阿德勒雖然把大部分的家務和照顧孩子的工作都交給妻子去做，但他依然是個愛著孩子的父親。他甚至曾因為擔心女兒而睡不著覺。阿德勒懂得尊重孩子的意願，且總是充滿幹勁。因此在孩子們的心目中，他是一個值得尊敬的偉大的父親。阿德勒的二女兒雅利珊卓（Alexandra）在父親的影響之下，對心理學產生了濃厚的興趣。她在10歲時就曾參與阿德勒和研究夥伴們的辯論。

　　雅利珊卓長大後也成為一名心理學家，最後還成為創傷研究者的權威。阿德勒認為「過去的經驗雖能帶來影響，卻無法決定一切」。雅利珊卓則將此運用在創傷的研究與臨床上，成為讓世人意識到「創傷的存在」的重要人物。

☑ KEY WORD

家庭的影響

生活型態的形成深受生長家庭的影響。此外，身體上的問題也會帶來影響，如：身體的障礙、父母的遺傳等。但要記得，最終的選擇權還是掌握在自己的手中。

☑ KEY WORD

家庭系統排列

對生活型態造成影響的「成長環境」是指「文化」和「家庭系統排列」。文化是指生長國家、地區、社會等群體的價值觀所帶來的影響。家庭系統排列則包含了家庭組成、家庭價值觀、家庭氣氛等。

☑ KEY WORD

對待孩子的方式

父母對待孩子的方式也會深深影響到孩子的生活型態。孩子會以此為依據來對自己做出一番評定。假如父母替孩子貼上「任性」的標籤，那麼孩子也會替自己貼上那張標籤。

☑ KEY WORD

出生順序與對應的性格特徵

兄弟姊妹之間的人際關係也會為生活型態帶來極大影響。另外，出生順序與性格傾向有著深厚的關係。這雖然不一定適用於所有孩子，但還是可以作為參考，協助我們了解孩子的性格傾向。

Chapter

7

An Illustrated
Guide to
the Psychology
of Alfred Adler

讓「人生」更加
富足的方法

阿德勒曾說，「工作、交友、愛」是人生的３大任務。這些任務和人際關係密不可分，然而，人際關係中充滿各式各樣的障礙，不可能總是符合理想。本章將會告訴大家，阿德勒是如何解決這些難題的。

01 人生中的3個 指標性任務是什麼？

人的一生中有3個指標性的任務，
透過這些任務來衡量對自己人生的滿意度吧。

阿德勒曾宣導，人生中有**3個必須面對的任務**，分別是：①工作任務，②交友任務，③愛的任務。這些任務叫做「人生任務」，皆是人生道路上不可避免的要素，同時也是在各種情況中，必須由自己來面對、處理的部分。此外，認清「**哪些任務是對自己而言是挑戰**」，就能以此作為人生指標。

自己最在乎哪些任務呢？

衡量自己最關心哪個任務、達成度如何，就能找到人生指標。

工作任務

交友任務

愛的任務

這個任務目前還算滿意。那個任務則困擾著我……

如果我能做到這一點，人生一定會變得精采。

除了3大任務之外，還有另外兩項任務，即：④自我任務，⑤靈性任務。自我任務，顧名思義就是指「與自己相處的能力」，也就是**「接納自己」的任務**。靈性任務是指心靈和自然、神佛、宇宙的連結，以及藉由這方面的互動來**思索人生的意義**。這兩項任務都是現代阿德勒心理學所追加的任務。

現代阿德勒心理學的追加任務

人生除了有3大任務之外，還有另外2個任務。

自我任務

面對自我。

靈性任務

和宇宙、大自然、超越人類的存在產生連結。

02 3大任務 ①「工作」的任務

第一個任務是最容易達成、
最基礎的指標性任務。

雖然說是「工作」，卻不僅僅是指賺錢這檔事。以另一種方式來說，工作就是指「各自在社會中扮演的角色」。**日常生活中進行的所有生產活動**，都叫做工作。比方說，家庭主婦得做家事、育兒，學生得念書，學齡前兒童得遊玩。這個概念還包含了其他社會責任，如：參與選舉等政治活動、遵守法律等。

所有的生產性活動都稱為工作

每個人每天都在執行自己背負的工作。

由於**工作任務**類似於生活在社會中的義務，因此在執行上並不需要與他人直接接觸。這代表，跟其他任務比起來，工作任務相對好解決，因為距離他人越遠，就越容易解決。相反地，**不好好執行工作任務時，往往會引發許多深刻的問題**。如此一來，其他任務執行起來也會變得更加困難。

工作完成與否，會連帶影響到其他任務

工作任務處理不好，就會……

導致其他任務變得更難處理。

03

3大任務 ②
「交友」的任務

對第二個任務來說，為人著想的心情是不可或缺的條件。
若無法與他人互相信賴，就無法達成。

交友任務，顧名思義就是指「如何與他人交際、往來」的任務。雖然叫做「交友」，但**除了友誼關係之外，其他人際關係也包含在內，好比你與上司或下屬的關係，或是你與鄰居的關係**。也可以說，這是指人與人的交際，以及所有類型的人際關係。因為不能缺少為人著想的心，所以執行起來比工作任務還要困難，也因此，很多人都不擅長處理交友任務。

所有人際交流都屬於交友任務

你一天會和多少人交談？
如果不體貼每個人，就無法建立良好的人際關係。

交友任務能順利執行，就表示你已經**懂得與他人互相尊敬、信賴與合作**了。但另一方面，也有看似順利執行交友任務，實則不然的例子。例如，非行少年集團是以犯罪為目的而集結在一起的群體，彼此之間不見得有互相尊敬的關係。如此一來，只要覺得沒有利用價值，就會立即斷絕關係。

互相尊敬是交友任務中不可或缺的部分

透過互相尊敬
而建立起來的關係

以犯罪為目的而集結的少年群體

我遇到金錢上的麻煩了……

需要我幫忙的話，儘管告訴我。

互相尊敬的人會互相協助。

我遇到金錢上的麻煩了……

麻煩死了。既然沒有一起混的價值，離他遠一點好了。

假如彼此的關係不是建立在信賴、尊敬的基礎上，就會迅速解體。

3大任務 ③「愛」的任務

第三個任務表現於異性關係、家族關係之中。
需要追求更親密、深層的關係。

愛的任務有兩種，一種是異性關係，另一種是家庭關係，但不是兩項獨立的任務，我們應該將兩者視為一體。愛的任務包含了自己和伴侶的交往關係、性關係、婚姻生活，還有自己扮演的性別角色，以及性別方面的價值觀。這是3大任務中最難處理的一個。

更加親密、更加深層的人際關係

除了戀愛關係和家庭關係之外，性別角色、性別上的價值觀與看法都包含在愛的任務當中。

跟交友任務比起來，愛的任務需要更深層的關係、更多的溝通，以及更緊密的合作，而且，因為會以極親近的距離感與他人交流，所以亦需要極大的勇氣。另外，現代充滿了各式各樣的價值觀，還有形形色色的表現方式。然而，不管在何種關係中，**只要有試圖控制對方的想法，就無法達成愛的任務。**

最難達成，且需要勇氣的任務

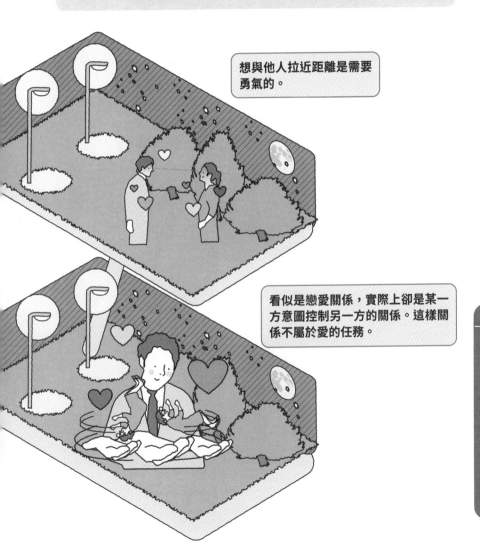

想與他人拉近距離是需要勇氣的。

看似是戀愛關係，實際上卻是某一方意圖控制另一方的關係。這樣關係不屬於愛的任務。

05 「社會情懷」是達成 3大任務的必備要素

有了社會情懷，就能朝著達成任務邁進。
請將其視為通往3大任務的最佳路徑吧。

在面對人生的3大任務時，最重要的事情就是建立起本書再三提及的「社會情懷」。無論在工作上、職場或鄰里的交際上，還是在家人或伴侶之間的信賴關係中，**只要建立起社會情懷，就有辦法面對這些任務**，並朝著**達成任務的方向**邁進。

懷抱社會情懷，朝著3大任務邁進

貢獻感

歸屬感

信賴感

培養社會情懷是達成3大任務的最佳方式。

歸屬感讓人有「自己是共同體中的一員」的感覺，因此讓人感到放鬆。貢獻感是「自己對這個共同體有所貢獻」的感覺，能營造出較容易互相尊敬的氣氛。而另一方面，共同體也會對自己有所幫助，於是就產生了互相信賴的關係。因此人們認為，**人可以利用社會情懷所帶來的感受，來幫助自己達成3大任務。**

社會情懷帶來的感受

早安。

早安。

這個工作交給我來做吧。

上次謝謝你幫我。

培養社會情懷有助於我們面對各項任務。

06 賦予彼此勇氣的重要性

喪失勇氣是造成所有問題的根源。
讓我們一起用心激發勇氣，培養出社會情懷吧。

培養社會情懷時所需的，就是本書一直在講的「賦予勇氣」。阿德勒曾說：「我們處理各種人生問題時的心情，可以歸納成下述觀點。**有問題行為的孩子、罪犯、精神官能症患者、酒精成癮症患者等，都是失去勇氣，進而連社會情懷都喪失的人**」。

會有問題是因為失去了勇氣

你只是喪失勇氣而已。

阿德勒主張，每個抱有問題的人，都喪失了勇氣。換句話說，只要有勇氣，任何人都能解決自己的問題。

在此要再次提醒大家，不只要賦予自己勇氣，還要賦予他人勇氣，而不要阻礙他人拿出勇氣。**若能養成這種習慣，自己和身邊的人就能培養出社會情懷**。換句話說，有了這種習慣，就有機會讓所有人都獲得幸福生活，**過上更精彩的人生**。

讓自己和身邊的人都培養出社會情懷

利用本書介紹的各種方法來激發自己的勇氣。

不要削弱別人的勇氣，例如讓對方感到恐懼，或是不斷追究、指責對方。

生產性思考

建設性思考

你真是沒用！

你最近很有朝氣呢。連我也有了好心情。

透過互相尊敬與互相信賴來賦予彼此勇氣。

自己和身邊的人都培養出社會情懷，一起過上更精采、更幸福的人生。

07 建立夫妻間的勇氣時，可在語氣和用詞上尋找線索

家人之間的日常對話中，
也藏有改善夫妻關係、家庭關係的線索。

在面對夫妻間的愛情任務時，可能會遇到很多問題。比方說，在公司，丈夫是主管，但在家，妻子才是主管。如果一直爭吵的話，只要家中的主管角色，也就是妻子能賦予丈夫勇氣，就能解決這個問題。**去除自我憐憫、想爭贏對方的想法，並鼓起勇氣，下定決心改用友好、合作的態度來對待伴侶**，就能改善彼此的關係。

用合作的態度來鼓勵另一半

為什麼不做家事！

都不用為家庭付出嗎？

真囉嗦。

老是在吵架的夫婦

我是不會屈服的！

我要贏！

想要好好相處～

老公，有件事我想要請你……

這種試圖透過溝通來使對方屈服的做法，只會帶來負面效果。

對另一半感到不滿時，更要賦予對方勇氣，如此一來，對方也會乖乖地配合。

夫妻之間常有「因為對方不聽話而累積了不少怨氣」的問題。而最有效的解決對策就是「不要再用命令式口氣說話」。「請去做」或「去幫我做」也算是命令式口吻，因此，**許多人都是在無意識、無惡意下使用了命令式口吻**。改成問句，如「可以幫我做嗎？」或是表達心情，如「你能幫我做的話，我會很高興」，反而會更有效。

小心！避免不自覺地使用命令語氣

即使沒有強迫對方的意思，也會讓對方產生這種感覺。

使用疑問句，或是傳達自己的心情，才會對另一半產生正面作用。

7

使「人生」更加富足的方法

08

即便對方外遇，也不該讓自己陷入情緒化狀態

發現另一半出軌時，如果還想挽救
彼此的感情，就不該情緒化地生氣。

夫妻間最傷人的問題就是外遇。但是，**遭到背叛的那一方，即使受了傷，也不該用情緒化行為來面對出軌的伴侶**※。這聽起來可能會令人感到不服——明明是對方做錯，為何自己必須忍耐？可是，**即便你的心底還渴望著對方的愛，傷害對方也只會降低對方愛你的可能性**。

不要為了改變對方而感情用事

發現對方出軌

情緒化地傷害對方，也無法挽回對方的愛。

被情緒牽著走，試圖傷害對方。雖然是丈夫的錯，但這樣做並不能解決問題……。

告訴我，你想要什麼？

「相愛」才是真正的目標，因此不該在對方面前感情用事。

※引用自：《アドラー心理学を語る1 性格は変えられる（暫譯：暢談阿德勒心理學1：性格可以改變）》（野田俊作／創元社／ 159 ～ 166頁）

這裡的意思並不是指你應該否認或壓制你的感情，而是說，你不應該在對方面前表現得情緒化。因為，**有建設性的對話才是解決問題、改善關係的最佳途徑**。不過，「外遇」這件事本來就是一種背叛婚姻的行為，因此，討論如何懲罰出軌的一方，也可以算是有建設性的對談。

嘗試有建設性的溝通，對方也會有所改變

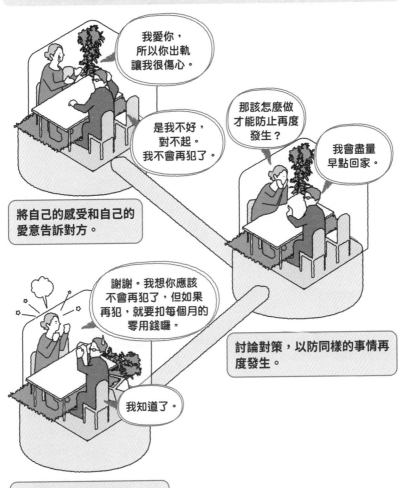

09 「幸運」和「幸福」的差別

透過好運（lucky）得到的幸福感，
跟真正的幸福（happy）天差地遠。

雖然「lucky」和「happy」被翻譯成「幸運」和「幸福」後看起來相似，但其實，**「lucky」和「happy」是截然不同的概念**※。這看似理所當然，但卻常常兩者混為一談。比方說，當你中樂透時可能會覺得很幸福，但這只是幸運罷了。**這不是靠自己爭取而來，而是恰好落在你手中的東西。**兩者是似是而非的概念，要是混為一談的話，那麼「不幸」時也只會怪罪是運氣不好。

看似是幸福，其實只是幸運

購買彩券

中獎！看起來很幸福，但……。

中獎時感到很幸福，但這在阿德勒心理學中不叫幸福，而是偶然降臨的幸運。

靠自己的雙手抓住的才稱得上是真正的幸福。

對自己和他人賦予勇氣。

藉此獲得幸福。

※引用自：《アドラー心理學を語る 4 勇気づけの方法（暫譯：暢談阿德勒心理學 4：賦予勇氣的方法）》（野田俊作／創元社／175～177頁）

如果說，我們平時靠自己努力取得的東西叫做幸福，那就代表，**人是一種「會不斷改變，並且對不斷變化的環境抱持積極態度」的生物**。假如不是處在這種狀態中（換句話說就是處於完全安定、感到很幸福的狀態中），那真的稱得上幸福嗎？因此我們也可以說，幸福就在每天的變化之中。

幸福就在不斷變化的日常生活中

天氣會不斷改變。

人會生病，也會痊癒。

工作、念書也是時而順利，時而不順。

一切都在不斷變化，潮起潮落。這就是為什麼可以說，幸福就在其中。

10

「歸屬於某處」
是人類最需要的感受

為何人類必須培養社會情懷？
那是為了滿足人類的本能。

人得先有「我是個有用的人」的感覺，才有辦法喜歡上自己。而且，因為受益的對象是別人，也就是這個世界，所以自己必須喜歡這個世界才行。換句話說，**「自我接納」、「信賴他人」和「貢獻感」是無法分割的概念。**珍愛「自己與他人」也就是「世界」的心情，是永遠連在一起的。

自己、他人和世界是無法分離的

自我意識和他人、世界的關聯性就是如此的緊密。這也是因為，人類最原始的本能就是「歸屬於某處」。這就是為什麼人在失去歸屬感時，會浮現自我了斷的念頭。而這也證明，「尋求容身之處」的欲望要比「活下去」的欲望來得更強烈。 可見，**歸屬感**※**是確保心理健康的最大關鍵**。

尋求歸屬感是人的原始本能

沒錢了……

歸屬感

嗯，沒什麼大不了的。

歸屬感

歸屬感

有歸屬感時，
遇到任何困難都能忍受。

喪失歸屬感時，就算身處的
環境再好，也無法維持心理
健康。

尋求歸屬感是人的原始本能。歸屬感則是維持心理健康的必備要素。

※引用自《アドラー心理学を語る 3 劣等感と人間関係（暫譯：暢談阿德勒心理學 3：自卑感與人際關係）》（野田俊作／創元社／ 35 ～ 42 頁）

阿德勒的生平⑦

一門隨著時代、社會現況不斷進化的學問

　　近來,「現代阿德勒心理學」一詞已傳遍四方。其雖被加上「現代」兩個字,但應該還是有人以為,這就是「把阿德勒生前說過的話,一五一十地傳承下來」的心理學。

　　其實,阿德勒心理學並不是僅僅重現阿德勒的言論與想法而已。即便在阿德勒過世後,還是有許多研究人員根據他的言論與思想,來做進一步的研究。因此,這可說是一門會隨著時代改變的學問。

　　當然,阿德勒的話語、思想和理論始終是阿德勒心理學的根基。但是,時代與社會現狀隨時都在改變。因此,阿德勒生前的一些言論或理論已經不適用於現代了。換句話說,為了配合時代的改變、傳給更多的人,阿德勒心理學已經變成一門不斷進化的學問了。

☑ KEY WORD
工作任務

不僅僅是指賺錢這檔事。以另一種方式來說，工作就是指「各自在社會中扮演的角色」。日常生活中進行的所有生產活動，都叫做工作。例：家庭主婦得做家事、育兒，學生得念書，幼兒得遊玩。

☑ KEY WORD
交友任務

即「如何與他人交際」的課題。這不僅包含友誼關係，還包括了工作中的上下級關係，以及鄰里關係等。也可說，所有類型的人際關係都涵蓋在內。

☑ KEY WORD
愛的任務

可分成異性關係和家庭關係，但兩者為一體，我們不該將其分開來思考。愛的任務包含了伴侶間的交往關係、性關係、婚姻生活，還有自己扮演的性別角色，以及性別方面的價值觀。

☑ KEY WORD
社會情懷

人在與家人、朋友或同事的交流中，所獲得的歸屬感、同感、信任感或貢獻感，即統稱為社會情懷。社會情懷是人在面對3大任務時的至寶。實踐阿德勒心理學的理論，就是努力培養社會情懷。

☑ KEY WORD
賦予勇氣

這是一種用來獲取社會情懷的技巧，英文叫「encouragement」，也就是鼓勵自己或他人的意思。這是讓人擁有健康、建設性生活的必備技術。只要能賦予彼此勇氣，就能改善人際關係。

詞彙索引

※僅標示左頁的頁碼。

數字、英文字母

3大任務 164
4個法則 148
5大前提 22
I-message 132
Thank you、But、No, thank you 134
we-message 132
you-message 132

2～6畫

人生任務 164
人際關係論 30
工作任務 166
互相尊敬 92
世界觀 140
兄弟姊妹的人際關係 150
生活型態 .... 84、140
目的論 26
交友任務 168
先入為主 80
共同課題 102
共通感（common sense） .... 65、68
劣等性 48
同情 96
同理 96

如何負起責任 108
妄下結論 78
有建設性的人 64
有建設性的對話 178
自我主張 106
自我正當化 58
自我決定論 24
自我理想 140
自我概念 .... 82、140
自我對話 82
自卑情結 48
自卑感 48
行動的目的 42
佛洛伊德心理學 .... 34、136
私人感覺（private sense） ...... 50、56
私人邏輯 66

7～11畫

社會情懷 .... 18、172
表面因果關係 120
信用 94
信賴 94
怒氣的根源 54
重新框架 122
原因論 .... 26、56
家庭系統排列 144

追求優越性 ······························· 72

基本錯誤 ······························· 50

情緒的功能和目的 ······················· 44

情緒的運作方式 ·························· 42

12畫以上

距離感 ································· 114

愛的任務 ······························ 170

感覺器官 ······························ 130

劃分課題 ······························ 100

對方關心的事 ·························· 124

精神上的健康 ·························· 40

認知 ·································· 52

認知論 ································· 32

樂天和樂觀 ···························· 46

緩衝語句 ······························ 128

賦予勇氣 ·························· 20、174

適當的距離 ···························· 114

整體論 ································· 28

橫向視角 ······························ 90

橫向關係 ······························ 42

歸屬感 ································· 182

讓更多人培養社會情懷，
建立更大的圈子

　　首先，感謝你讀完《解決人生90%煩惱的阿德勒心理學》。那麼，讀完這本書後，你有什麼感想呢？

　　有些人可能會覺得，心理學是一門艱澀難懂的學問，但阿德勒的心理學卻是非常實用的。阿德勒心理學不會試圖深入討論「人類的深層心理是什麼」，相反地，其會提供許多適用於現實生活的良好建議。阿德勒心理學還會提醒我們，建立幸福生活的條件，其實就是如此的簡單。

　　阿德勒心理學被稱作「實踐型心理學」。其理論簡單明瞭，易於理解。然而，越是簡單的道理，越是難以付諸實行，並且要「持之以恆」更是難上加難。因此，阿德勒心理學並不是「學會理論就結束了」。將理論付諸實行並堅持下去是很重要的。當你在工作中與你的同事，在私人生活中與你的朋友，在家庭中與你的伴

侶和孩子一起，一遍又一遍地實踐阿德勒心理學的理論，就會深深感受到其中的難度。然而，這僅僅是個開始。之後，還要不斷嘗試，不能放棄或屈服。這就是「實踐型心理學」——阿德勒心理學的精髓。

換句話說，阿德勒心理學的學問不僅僅是理論。學習如何練習與實行，才是真正的阿德勒心理學。雖然難以實行，但有了同伴的支持就沒問題了。阿德勒心理學不是讓你單獨實行的心理學，請找尋能夠與你一起練習的夥伴。然後，你們就可以在實踐的過程中互相鼓勵，賦予彼此勇氣。若本書能讓你踏出實踐的第一步，那麼我也心滿意足了。

小倉 廣

◎主要参考文献

《アドラーに学ぶ 職場コミュニケーションの心理学》
（小倉廣著／日經BP社）

《アドラーに学ぶ 部下育成の心理学》
（小倉廣著／日經BP社）

《もしアドラーが上司だったら》
（小倉廣著／PRESIDENT社）

《アルフレッド・アドラー 一瞬で自分が変わる100の言葉》
（小倉廣解説／DIAMOND社）

《アルフレッド・アドラー 人生に革命が起きる100の言葉》
（小倉廣解説／DIAMOND社）

《性格は変えられる アドラー心理学を語る1》
（野田俊作著／創元社）

《グループと瞑想 アドラー心理学を語る2》
（野田俊作著／創元社）

《劣等感と人間関係 アドラー心理学を語る3》
（野田俊作著／創元社）

《勇気づけの方法 アドラー心理学を語る4》
（野田俊作著／創元社）

《人生が大きく変わる アドラー心理学入門》
（岩井俊憲著／KANKI PUBLISHING）

《悩みが消える 「勇気」の心理学 アドラー超入門》
（岩井俊憲監修／永藤かおる著／Discover 21）

《人生を変える思考スイッチの切り替え方 アドラー心理学》
（八巻秀監修／NATSUME社）

◎ **日文版 STAFF**

編輯	細谷健次朗、中原海渡、工藤羽華（株式會社G.B.）
協助執筆	村沢讓、龍田昇
內文插圖	木村誠
封面插圖	ぷーたく
封面設計	別府拓（Q.design）
內文設計	別府拓（Q.design）
DTP	ハタ ・ メディア工房株式會社

監修 小倉 廣 (Hiroshi Ogura)

日本認證的心理師。心理諮商師、治療師、企業培訓師、商業書籍作家。「結合心理學的經營」小倉廣事務所董事。1965年生於新潟縣,大學畢業後就職於瑞可利(Recruit)有限公司,在企劃領域耕耘了11年半,曾當過事業企劃室和編輯部、組織人事諮詢室的課長等。之後還曾擔任SOURCENEXT有限公司(現為東證一部上市公司)的常務董事、諮詢公司董事等。現為一名講師,每年為各大企業的管理培訓課程登台演講300次,行程已排到一年後。著有發行量超過20萬部的《接受不完美的勇氣:阿德勒100句人生革命》,以及《向阿德勒學習:部屬育成心理學》、《如果阿德勒是上司的話》等書,累計發行量已達100萬部以上。

ADLER SHINRIGAKU MIRUDAKE NOTE
Copyright © 2022 by Hiroshi Ogura
Original Japanese edition published by Takarajimasha, Inc.
Traditional Chinese translation rights arranged with Takarajimasha, Inc.
through TOHAN CORPORATION, JAPAN.
Traditional Chinese translation rights © 2022 by TAIWAN TOHAN CO.,LTD.

跳脫負面循環,養成正向思考的習慣與勇氣!
解決人生90%煩惱的阿德勒心理學

2022年6月1日初版第一刷發行
2023年6月1日初版第二刷發行

監 修 者	小倉廣
譯　　者	鄒玟羚、高詹燦
編　　輯	曾羽辰
美術編輯	黃瀞瑢
發 行 人	若森稔雄
發 行 所	台灣東販股份有限公司
	＜網址＞http://www.tohan.com.tw
法律顧問	蕭雄淋律師
香港發行	萬里機構出版有限公司
	＜地址＞香港北角英皇道499號北角工業大廈20樓
	＜電話＞(852)2564-7511
	＜傳真＞(852)2565-5539
	＜電郵＞info@wanlibk.com
	＜網址＞http://www.wanlibk.com
	http://www.facebook.com/wanlibk
香港經銷	香港聯合書刊物流有限公司
	＜地址＞香港荃灣德士古道220-248號荃灣工業中心16樓
	＜電話＞(852)2150-2100
	＜傳真＞(852)2407-3062
	＜電郵＞info@suplogistics.com.hk
	＜網址＞http://www.suplogistics.com.hk

ISBN 978-962-14-7432-2